Kerstin Diacont

Was die Cowboys noch wußten

Wie das Pferd funktioniert · Sicherheits-
faktoren und Angstbewältigung

Die Deutsche Bibliothek –
CIP-Einheitsaufnahme

Diacont, Kerstin
Was die Cowboys noch wußten :
wie das Pferd funktioniert,
Sicherheitsfaktoren und
Angstbewältigung / Kerstin
Diacont.– München ; Wien ;
Zürich : BLV, 1998
    (BLV Pferdepraxis)
    ISBN 3-405-15505-3

**BLV Verlagsgesellschaft mbH
München Wien Zürich**
80797 München

Printed in Germany
ISBN 3-405-15505-3

Bildnachweis

Kerstin Diacont: Seiten 8, 10, 12, 13,
14, 15, 16, 19, 22, 23, 24, 33, 42,
60, 64, 66, 73, 75, 76, 77, 80, 83,
85, 91, 92, 93 l., 94 l.,103, 104, 107,
108, 109 o.
Archiv Diacont: Seiten 49, 68, 69, 70,
106
Karin Anders: Seiten 44, 51, 52, 59
Karl-Heinz Ploch: Seite 59
Lothar Lenz: Seiten 6, 7, 9, 11, 20,
34, 35, 36, 38, 38, 45, 48, 53, 63,
72, 79, 81, 82, 89, 93 r., 94 r., 100,
101
Erwin Escher:
Seiten 40, 41, 62, 102, 109 u.
Christiane Slawik:
Seiten 50, 56, 78, 84 ,86, 88

Grafiken: Kerstin Diacont

Umschlaggestaltung: Werbeagentur
Sander & Krause, München
Umschlagfoto: Lothar Lenz

Herstellung: Manfred Sinicki

Layout und Satz:
Kerstin Diacont, Neu-Isenburg

Lithos und Filmbelichtung:
Lanarepro, Lana bei Meran (Südtirol)

Druck und Bindung: Neue Stalling,
Oldenburg

Dank an:
Karin Anders, Karl-Heinz Ploch/Seven
Oaks, Susanne Funk, Hanna Rietema,
Ute Merkel, für die Hilfe bei der
Fotoerstellung

Zeichenerklärung

 Richtung einer
Bewegung des
Reiters

 stellender, kurz
angenommener
Zügel

 verwahrender
Zügel

 verwahrender
Schenkel

 Schenkeldruck

Gewicht:

 beidseitig belasten

 einseitig belasten

 entlasten

 Bewegungsrichtung
des Pferdes

 wichtiger Punkt,
Stelle, an der etwas
geschieht

Kerstin Diacont

Was die Cowboys noch wußten

**Wie das Pferd funktioniert · Sicherheits-
faktoren und Angstbewältigung**

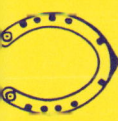

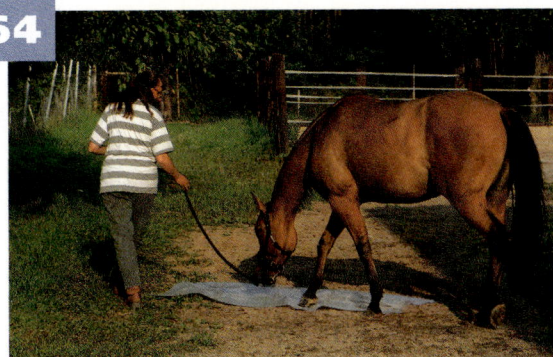

Wie verhält sich das Pferd in

seiner natürlichen Umgebung?

Das Pferd als Herdentier.

Das Pferd ist ein Herdentier. Die Herde bietet ihm Sicherheit und soziale Kontakte. Im Gegenzug muß sich jedes Herdenmitglied den Gesetzen der Herde unterwerfen. Eine Rangordnung, an deren Spitze die Stärksten und Klügsten stehen, sichert das Überleben der schwächeren und jungen Tiere.

Ausgeprägter Spieltrieb.

Fellpflege gehört zum Sozialverhalten.

VERHALTEN

Herdenregeln

Die ranghohen Tiere bestimmen, wann und wohin die Herde sich bewegt, wann Flucht angesagt ist und wann gefressen werden darf. Sie können jedes rangniedere Tier von seinem Platz vertreiben oder es daran hindern, zu fressen oder zu saufen. Rangniedere dürfen ranghohe Tiere nicht überholen, wenn die Herde sich bewegt – damit ist sichergestellt, daß die Richtung von denen bestimmt wird, die die meiste Erfahrung haben.
Ein ranghohes Tier genießt sowohl den Respekt als auch das Vertrauen der Nachrangigen.

Hautpflege

Zu den sozialen Kontakten gehört die gegenseitige Hautpflege, die bei Pferden eine wichtige Stellung einnimmt. Das Knabbern am Widerrist ist Freundschaftsbeweis und regt gleichzeitig die Hautaktivität an. Auch das Wälzen dient deren Anregung sowie der Reinigung von Schweiß. Manche Pferde wälzen sich nur auf trockenem Sand, andere legen sich genüßlich ins tiefste Schlammloch – da gibt es individuelle Vorlieben. Allen Pferden gemeinsam ist jedoch das ausgeprägte Bedürfnis nach regelmäßigem Wälzen.

Flucht

Das Pferd ist als Pflanzenfresser zudem prinzipiell ein Fluchttier. Fluchtgrund sind normalerweise Raubtiere, deren Annäherung rechtzeitig bemerkt werden muß, will das Pferd ihnen entkommen. Deswegen sind Augen und Ohren des Pferdes so ausgerichtet, daß es fast rundum sehen kann. Die Ohren können gedreht werden, um Geräusche aus allen Richtungen zu orten, die Augen stehen seitlich am Kopf, so daß das Pferd fast 360° rundum sehen kann (nur direkt hinter sich und direkt vor sich sieht es nichts). Fluchtbereitschaft gehört zum Alltag einer Pferdeherde. Fohlen sind aus diesem Grund extreme "Nestflüchter" und können schon wenige Stunden nach der Geburt der Herde folgen.

Eine Herde in freier Wildbahn wird sich nur ungern in unübersichtlichem Gelände bewegen. Als Ruheplatz wird eher eine zugige Hügelkuppe mit guter Übersicht als ein windgeschütztes Wäldchen gewählt, weil sich dort nicht unbemerkt ein Räuber anschleichen kann.

Bewegungsdrang, Spieltrieb, Neugier

Als Fluchttier und als wandernder Pflanzenfresser ist das Pferd von Natur aus dauernd in Bewegung. Es wandert im gemächlichen Schritt fressend über die Weide, legt auf dem Weg zu neuen Futterplätzen längere Strecken im Trab zurück oder galoppiert in wilder Flucht aufgeschreckt davon. Besonders junge Pferde entwickeln meist soviel Bewegungsdrang, daß sie auch spielerisch bockend und Haken schlagend durch die Landschaft galoppieren. Je nach Blickwinkel kann man das als Training für den Ernstfall, aber auch als reine Lust an der Bewegung, als Ausdruck der Lebensfreude betrachten. Damit sind wir bei einer Besonderheit der Art Pferd, die sie mit ähnlich hochentwickelten Tieren, wie z.B. Delphinen, teilt: dem Spiel – einem Verhalten, das nicht direkt der Nahrungsbeschaffung, der Sicherheit oder der Arterhaltung dient, also grundsätzlich zweckfrei ist.

Das Pferd ist also ein Bewegungstier mit ausgeprägtem Spieltrieb. Ohne ausreichende Bewegung verkümmert nicht nur sein Organismus, sondern auch seine Psyche, denn beide stehen nicht nur beim Menschen in enger Wechselbeziehung, sondern auch beim Pferd.

Gesteigerte Beweglichkeit gilt als Ausdruck für einen entwicklungsgeschichtlichen Hochstand einer Art und bedingt eine schnelle Reaktion und rasche Auffassungsgabe dieser Art – was beim Pferd hundertprozentig zutrifft. Es ist von Natur aus

neugierig und wird, wenn man ihm nur genug Zeit gibt, auch angsteinflößende Dinge erkunden. Neugier und Lernbereitschaft machen das Pferd zu einem idealen Partner in der Zusammenarbeit mit dem Menschen. Ohne diese Eigenschaften wäre eine Ausbildung des Pferdes zum „Sportpartner" nicht möglich.

Schnelle Reflexe

Schnelle Beweglichkeit führt jedoch auch zu schnellen Reflexen des Pferdes. Reflex-Reaktionen bringen so manchen Reiter in Schwierigkeiten, wenn das Pferd einen erschreckten Satz macht oder auskeilt. Reflexe sind normalerweise instinktgesteuerte, natürliche Reak-

tionen des Pferdes. Sie können dem Pferd jedoch auch antrainiert werden – eine hervorragende Chance für die Minimierung der Hilfengebung auf Signalbasis.

Individualität

Eine Besonderheit der Art Pferd ist die starke Ausprägung von Individualität innerhalb der arttypischen oder rassetypischen Merkmale, die nur von der Individualität beim Menschen übertroffen wird. Pferde unterschiedlichen Typs reagieren unterschiedlich auf Reize, lernen unterschiedlich schnell. Es gibt nervöse, phlegmatische, sture, dumme, intelligente, faule, überaktive, mutige oder feige Individuen. Pferde bilden, wie Menschen,

Bewegung gehört zu den Grundbedürfnissen des Pferdes.

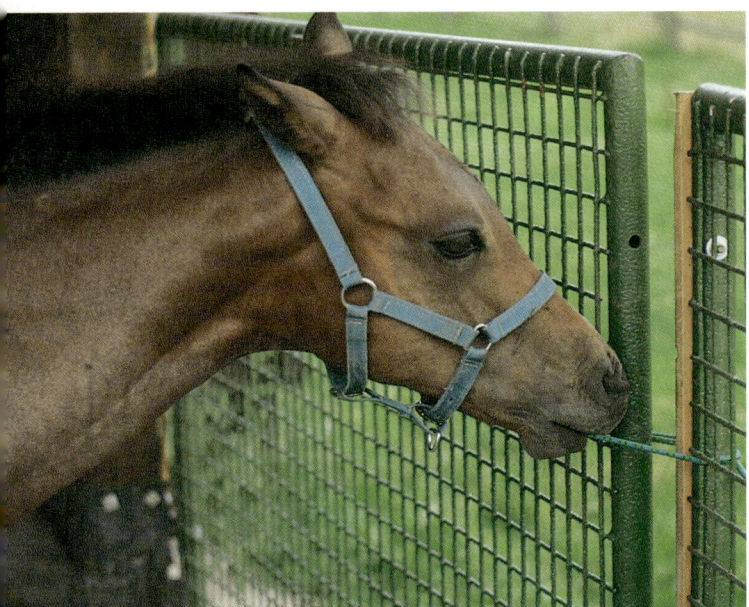

oben: Neugier - mit dem Maul wird Unbekanntes erkundet.
unten: Enge Freundschaften zeigen sich beim Nebeneinanderfressen.

Gewohnheiten und Eigenheiten aus, entwickeln Vorlieben, Freundschaften und Abneigungen, denen der Mensch bei der Ausbildung Rechnung tragen sollte.

Unabhängigkeit

Kommen wir zum ausgeprägten Unabhängigkeitsdrang (Freiheitsdrang) des Pferdes. Pferde beanspruchen keine Territorien, wie z.B. ein Wolfsrudel. Besitzstreben ist ihnen fremd. Dafür ist ihr Bedürfnis nach Ungebundenheit extrem stark. Fluchtinstinkt, Bewegungsdrang, Individualität und Neugier sind sicher in starkem Maße für diesen Unabhängigkeitstrieb verantwortlich. Auf eine Einschränkung ihrer Beweglichkeit reagieren Pferde extrem, oft sogar mit panischem Verhalten.

Dauerfresser

Zum Schluß noch ein Wort zur natürlichen Nahrungsaufnahme: Das Pferd ist prinzipiell ein Dauerfresser, der seine Nahrung kontinuierlich in kleinen Mengen aufnimmt. Beobachtet man Pferde auf der Weide, so kann man sehen, daß die meisten auf Abwechslung bedacht sind. Wählerisch wird mal hier und mal dort ein Büschel Gras gezupft. Die "lebendigen Rasenmäher", die systematisch vorgehen sind eher selten.

Artgerechter Umgang mit dem Pferd

Kommunikation.

Autorität.

Sicherheit.

Der Mensch muß den Platz des Herdenchefs einnehmen, um sich dem Pferd gegenüber durchzusetzen. Autoritäres Verhalten gehört dazu. Wenn Sie als „Alphatier" von Ihrem Pferd anerkannt werden, vermeiden Sie Widersetzlichkeiten und schaffen die Basis für mehr Sicherheit im Umgang mit Ihrem vierbeinigen Partner und beim Reiten.

ORDNUNG

Beginnen wir mit der sozialen Ordnung im Herdenverband:
Ranghohe Tiere haben das Sagen und bestimmen, ob ein rangniederes Tier laufen soll und in welche Richtung, ob es fressen darf oder nicht, und wie nahe es dem Ranghöheren kommen darf. Der Herdenchef (das Alphatier) kann – ohne ersichtlichen Grund – jedes andere Pferd von seinem Platz vertreiben oder ihm sein Futter wegnehmen. Das geht mitunter recht rauh zu – verleiht doch das Pferd mit Drohgebärden, Bissen und notfalls Tritten seinen Wünschen Nachdruck, wenn der andere nicht schnell genug reagiert. Die Autorität eines ranghohen Tieres wird normalerweise von den Rangniederen nicht in Frage gestellt, es sei denn, sie wollen sich nach oben kämpfen und lassen es auf einen Machtkampf ankommen.

Was bedeutet das nun für den Menschen, der mit dem Herdentier Pferd umgeht?

Sie sind der Chef — und zwar immer

Ganz einfach: der Mensch muß den Platz des Herdenchefs einnehmen. Das verleiht ihm uneingeschränkte Autorität; den Gehorsam des Pferdes bekommt er praktisch geschenkt, wenn ihn das Pferd als Alphatier anerkannt hat.
Zusätzlich schenkt ihm das Pferd – so ganz nebenbei – auch noch uneingeschränktes Vertrauen, denn das "Alphatier", der Alphamensch, ist nicht nur Respektsperson, sondern auch Vertrauensperson. Er verlangt nicht nur Gehorsam, sondern bietet auch Schutz. Deswegen darf der Respekt, den das Pferd vor dem Menschen haben soll, nicht mit Angst verwechselt werden. Keinesfalls darf der Mensch das Pferd verängstigen oder verunsichern – das würde Vertrauensverlust bedeuten und die Autorität des Menschen als Alphatier untergraben statt festigen. Zudem kann sich ein ängstliches Pferd nicht auf seine „Arbeit" konzentrieren.
(Auch in der Herde hat das rangniedere Tier durchaus keine Angst vor dem Herdenchef – es sind ein-

Die Leitstute duldet die Nähe, kann aber die anderen "ohne Grund" vertreiben.

fach nur die Fronten geklärt, wer wem zu gehorchen hat.)

Was kann man tun, um eine Respektsperson für das Pferd zu werden?

Lassen Sie sich nichts gefallen

Oberster Grundsatz: Lassen Sie sich von Ihrem Pferd nichts gefallen. Autorität dem Pferd gegenüber hat der Mensch, besonders der eher "denaturierte" Städter des 20. Jahrhunderts, im allgemeinen nicht von Natur aus – abgesehen von einigen wenigen Naturtalenten, die

"aus dem Bauch heraus" das Richtige tun, oft, ohne so recht erklären zu können, warum.

Der naturentfremdete Stadtmensch jedoch muß neu lernen, am besten von denen, die das Pferd als Arbeitstier hielten und noch halten. Da er selten Gelegenheit und noch seltener Zeit hat, intakte Herden zu beobachten, muß er sich das Wissen um die Zusammenhänge anders aneignen. Lesen ist dazu nicht die schlechteste Methode, auch wenn es als alleinige Lehre nicht ausreicht (er muß auch praktisch üben). Seine Handlungsweise ist meist "kopfgesteuert" – hat er die Zusammenhänge verstanden, kann er entsprechend handeln. Es sei denn – und nun kommt

die große Einschränkung – er blockiert sich und seine Handlungen unbewußt, z.B. durch Angst vor der Größe und der Kraft des Pferdes oder vor seiner scheinbaren Unberechenbarkeit (daß das Pferd eigentlich selten unberechenbar ist, soll in diesem Buch verdeutlicht werden).

Angst?

Angst vor den Möglichkeiten und Fähigkeiten des Pferdes ist ja nun durchaus berechtigt:

Steht ein Hengst von 500 kg Lebendgewicht vor Ihnen auf den Hinterbeinen, so machen Sie unwillkürlich einen Schritt zurück – eine Ausweichgeste, die dieser mit seinem Steigen erreichen wollte.

Schon das Fohlen muß grundsätzliche Dinge, wie das Angebundensein, lernen. Die Ruhe der Mutter hilft dabei.

Oder denken Sie an den ungebärdigen Zweijährigen, der Sie schlicht über den Haufen rennt, wenn Sie ihn – oder ein anderes Pferd – von der Weide holen wollen.

Mit Kraft oder Gewalt ist da nichts zu machen. Das Pferd ist stärker als Sie – und wenn es das merkt und ausnutzt, dann haben Sie einfach die schlechteren Karten.

Was Hänschen nicht lernt...

Die sicherste Methode ist es natürlich, dem Pferd den Respekt vor dem Menschen schon im Fohlenalter beizubringen. Manche treiben diese Methode noch ein wenig weiter und versuchen, das Fohlen schon direkt nach der Geburt auf den Menschen zu prägen (Imprint-Methode). Es gibt jedoch durchaus Stuten, die dies nicht zulassen. Zudem ist das Verfahren umstritten, da unter Umständen die Bindung zwischen Mutterstute und Fohlen leiden kann, wenn sich der Mensch in diesem frühen Stadium in den Vordergrund drängt.

Auf jeden Fall sollte das Fohlen schon frühzeitig grundlegende Dinge im Umgang mit dem Menschen lernen: z.B., daß man einen Menschen nicht spielerisch "zwicken" darf, auch wenn das gar nicht böse gemeint ist (so ein Fohlenbiß tut weh und das ist Grund genug, diese "Spielereien"

energisch zu unterbinden). Oder daß man ihm nicht einfach mal zum Spaß die Vorderbeine auf die Schulter legen darf, wie man das mit den Spielgefährten und oft auch mit den älteren Pferden tut.

Bald darauf kann man es auch daran gewöhnen, sich aufhalftern und führen zu lassen und die Hufe zu geben. Erste Anbinde- und Führversuche kann die Pferdemutter unterstützen, indem man das Fohlen mittels eines Longiergurtes an der Mutter festbindet.

Verantwortungsbewußte Züchter erziehen ihre Fohlen rechtzeitig, das erleichtert die Arbeit mit dem jungen Pferd und das spätere Einreiten, weil der Mensch schon seine Position gefestigt hat.

Gymnastizierung durch Seitengänge – mit richtiger Körpersprache reagiert das Pferd ohne Anwendung von Zwangsmaßnahmen.

Den Fall, daß ein "Wildpferd" zwei- oder dreijährig aus der Herde gefangen wird und davor kaum Kontakt mit den Menschen hatte, gibt es hierzulande recht selten (allenfalls noch im Dülmener Bruch). Diese Pferde sind natürlich viel schwieriger im Umgang, weil der Mensch für sie einen unbekannten Faktor darstellt. Für den Menschen bedeutet das, in der Kennenlern-Phase möglichst keinen Fehler zu machen, d.h. dem Pferd schnell das Gefühl von Vertrauen und Sicherheit zu vermitteln, auf dem er die weitere Arbeit aufbauen kann. Doch das kommt später.

Genug der Vorrede: Kommen wir zur Praxis:

WAS TUN?

Stimmt Ihr Verhältnis zu Ihrem Pferd, so können Sie ohne Halfter oder Trense mit ihm arbeiten. Es erkennt Ihre Autorität an und folgt Ihren Anweisungen.

Was tun Sie, wenn Ihr Pferd Sie anrempelt, an Ihnen vorbeidrängelt, Ihnen auf den Fuß tritt oder sich sonst eine Verletzung Ihrer "Intimsphäre" zuschulden kommen läßt. Sie finden das nicht so schlimm? Ist es aber, denn genau diese Rüpeleien darf sich das rangniedere Pferde in der Herde dem Ranghöheren gegenüber nicht erlauben.

Drängeleien werden vom Ranghöheren in der Herde mit Drohgebärden wie angelegten Ohren, gebleckten Zähnen oder auch einem "Winken" mit dem Hinterbein verhindert; wenn das nicht reicht, droht dem "Übeltäter" ein Tritt oder ein Biß.

Beißen können Sie ihr Pferd nicht - Sie können ihm jedoch durchaus einen Knuff mit dem Ellbogen oder einen Schlag mit der Hand versetzen, oder auch einen Huftritt simulieren, wenn das nötig sein sollte. So hart muß man jedoch meistens gar nicht vorgehen – oft reicht ein energischer Ruck am Halfter oder auch ein lautes, hart gesprochenes "Paß auf", um das Pferd in seine Schranken zu verweisen.

Erfolg durch Sicherheit und Autorität

Sicherheit in Ihrem Auftreten ist dabei der Schlüssel zum Erfolg. Zeigen Sie Unsicherheit oder Angst, so spürt das Pferd dies sofort und ignoriert Ihre Versuche, sich durchzusetzen.

Allein der Gedanke "Wird das Pferd mich nicht vielleicht doch über den Haufen rennen?" führt zu Veränderungen Ihrer Haltung oder Ihrer Stimme, die das Pferd wahrnimmt –

Kooperation zwischen Reiter und Pferd – die Fronten sind geklärt, wer das „Sagen" hat, steht außer Frage.

um dann genau das zu tun, was Sie befürchten.

Ängstlichkeit und Unentschlossenheit führen zu den bekannten "self-fulfilling prophecies", bei denen genau das eintritt, was Sie befürchten.

Sind Sie sich Ihrer Sache jedoch sicher und stellen sich selbst und Ihre Forderung dem Pferd gegenüber nicht in Frage, so tut dies das Pferd auch nicht. Es erkennt Ihre Selbstsicherheit, wertet sie als Zeichen Ihrer Autorität und gehorcht Ihnen.

Sicherheit drückt sich nie in lautem Geschrei oder brutalem Gebrauch der Peitsche aus. Reiter, die mit ihren Pferden herumschreien oder sie verprügeln zeigen im Gegenteil meist Angst und Unsicherheit. (Das bedeu-

tet nicht, daß Gerte oder Peitsche nicht als Hilfsmittel benutzt werden können – wie wir noch sehen werden.)

Vergleichen wir das Verhalten von Menschen mit Autorität mit dem Verhalten der Leittiere in der Herde, so zeigt sich eine Gemeinsamkeit. Beide haben es selten nötig, besonders grob zu werden - sie strahlen ihre Dominanz und ihre Kompetenz fast sichtbar aus.

Ranghohe Tiere in der Herde haben es auch meist nicht nötig, zu treten oder zu beißen – eine kurze Drohgebärde, ein lässiges Winken mit dem Hinterbein oder ein beiläufiges Schnappen in Richtung dessen, der unaufgefordert zu nahe kommt, reicht völlig aus. Nur bei deutlichen

Rangstreitigkeiten geht es härter zur Sache.

Schwierig mit Ihrem dominanten Auftreten wird es jedoch bei Pferden, die schon durch frühere Ausbildungsfehler oder falsche Behandlung gelernt haben, daß sie dem Menschen kraftmäßig überlegen sind. Diese Pferde respektieren den Menschen nicht und werden versuchen, mit ihm um die Rangfolge zu kämpfen. Doch dazu im Kapitel "Probleme" später mehr.

Kommunikation durch Körpersignale

Zweiter Erfolgsfaktor im Umgang mit Ihrem Pferd ist die richtige Körpersprache, die natürlich in enger Beziehung zur psychischen Verfassung des Menschen steht.

Schon die Römer wußten um die Wechselwirkung von Körper und Geist. Mit dem Ausspruch „Mens sana in corpore sano" (Ein gesunder Geist in einem gesunden Körper) drückte Juvenal das aus, was später Feldenkrais in seiner Arbeit vervollkommnete: Psychische Vorgänge beeinflussen die Körpersprache – körperliche Vorgänge im Gegenzug jedoch auch die Psyche.

Egal, auf welcher der beiden Ebenen Sie eine Veränderung bewirken – es wird sich auf die andere Ebene auswirken.

Das gilt gleichermaßen für Menschen und Pferde. Betrachtet man zum Beispiel das Ohrenanlegen des Pferdes, so ist dies immer eine Drohgebärde – das Pferd wird nie die Ohren anlegen, wenn es freundlich gestimmt ist. Und es wird nie freundlich sein, wenn es die Ohren angelegt hat. "Ohrenanlegen" und "kampflustige Stimmung / Ärger" sind also untrennbar gekoppelt. Das geht soweit, daß man die ärgerliche Stimmung des Pferdes positiv verändern kann, wenn man die zurückgeklappten Ohren nach vorne biegt (aber Vorsicht – nicht jedes Pferd läßt sich das in ungnädiger Stimmung gefallen). Andererseits kann man das Pferd auch über die Psyche "umstimmen" – mit einem Lob oder einem Leckerbissen lenkt man die Aufmerksamkeit des

Pferdes von seinem Ärger ab – und die Ohren gehen nach vorne.

Betrachten wir die im letzten Abschnitt angesprochene Sicherheit im Auftreten des Menschen unter dem Aspekt der Wechselwirkung wird sie sich immer in aufrechter Haltung ausdrücken. Bewegungen eines sicheren Menschen sind zielgerichtet, straff und direkt. Zögern, schleppende Schritte und ein eingezogenes Genick drücken immer Unsicherheit oder Unentschlossenheit aus. Diese körperlichen Signale erkennt das Pferd instinktiv – auch dann, wenn sie dem Menschen selbst gar nicht bewußt sind. Und es reagiert entsprechend – d.h. im zweiten Fall reagiert es eben nicht auf Ihre Forderung, sondern ignoriert sie.

Effektive Körpersprache

Das bedeutet also Gestik, Mimik, Haltung und Bewegungsrichtung bei allen Ihren Aktionen, die das Pferd betreffen – ob es sich um etwas so scheinbar Banales wie Führen und Putzen, um das Hufe geben oder um Lektionen der Hohen Schule an der Hand handelt. Jede Ihrer körpersprachlichen Gesten wird vom Pferd wahrgenommen – aufgrund Ihrer körperlichen "Ausstrahlung" ordnet das Pferd Sie ein in "Respektsperson" oder "netter Spielgefährte" oder

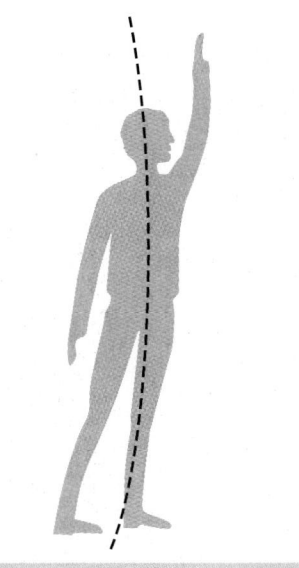

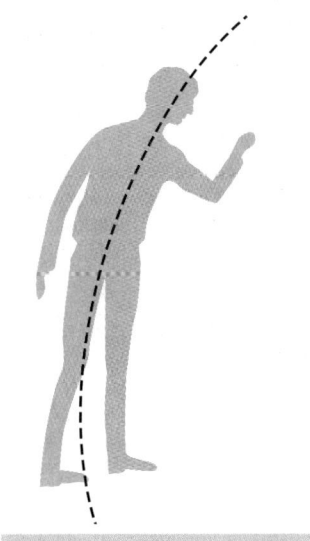

Die Haltung macht bei der Körpersprache einen großen Teil des Erfolgs oder Mißerfolgs aus.
oben: straffe, autoritäre Haltung.
unten: demütige, ängstliche Haltung – das Pferd wird Sie und Ihre Forderungen nicht ernst nehmen.

"muß man nicht ernst nehmen". Dreimal dürfen Sie raten, was passiert, wenn das Pferd die dritte Einordnung vorgenommen hat.

Was können Sie im einzelnen tun, um mit Ihrer Körpersprache dem Pferd Respekt einzuflößen?

Bewußte Bewegungen

Zuallererst können Sie versuchen, sich Ihrer Bewegungen bewußt zu werden. Viele Menschen haben im Laufe ihrer häufig sitzenden Berufstätigkeiten ihr Körpergefühl eingebüßt. Verkrampfungen im Nacken, in den Oberarmen und im ganzen Rückenbereich sind die Zivilisationskrankheiten des modernen Büromenschen schlechthin. Er empfindet die unnötige Spannung, die oft während der Computerarbeit in seinem Körper herrscht, erst, wenn er unter schmerzhaften "Ver"spannungen oder Kopfschmerzen leidet – er fühlt den "Buckel", den er am Schreibtisch über die Akten gebeugt macht, nicht mehr und hält deswegen eine gerade Haltung für ungewohnt anstrengend oder gar schmerzhaft.

Solche körperlichen Blockierungen gilt es zu erkennen und zu beheben – erst dann kann sich das Körperbewußtsein wieder neu entwickeln. "Wieder neu" will heißen, daß es jeder Mensch als Kind gehabt

hat. Beobachtet man z.B. Kinder beim Umgang mit Pferden, so verblüfft den Erwachsenen immer die Sicherheit und Angstfreiheit, mit der sie das im Verhältnis riesige Pferd beherrschen. Das erklärt sich mit den nicht vorhandenen Blockierungen. Das Kind bewegt sich noch in natürlicher Harmonie – es ist nicht verspannt und es traut dem Pferd nichts Böses zu – beides führt zu der natürlichen Sicherheit und Autorität, die das Pferd mit Gehorsam quittiert und die dem Erwachsenen oftmals abhanden gekommen ist.

Autogenes Training und andere Entspannungstechniken können Abhilfe schaffen sowie die schon erwähnte Methode "Bewußtheit durch Bewegung" von Moshe Feldenkrais, die mit sehr langsamen Bewegungen arbeitet, bei denen der Mensch sich darauf konzentriert, möglichst wenig Muskelspannung für eine Bewegung aufzuwenden.

Diese Konzentration auf eine möglichst kraftsparende und effektive Bewegung ist nicht nur für den Umgang des Menschen mit dem Pferd am Boden wichtig, sondern in noch höherem Maße für ein effektives, harmonisches Reiten, wie wir in späteren Kapiteln noch sehen werden. Für die Arbeit der Cowboys war und ist sie essentiell, sonst würden sie einen langen Arbeitstag im Sattel gar nicht durchstehen.

Learning by doing
Learning by seeing

Als nächstes können Sie routinierte Pferdeleute dabei beobachten, wie sie mit Pferden an der Longe und bei der Bodenarbeit umgehen und wie ihre Haltung dabei aussieht. Sie können vor dem Spiegel ihre eigene Haltung und Ihre Gestik kontrollieren. Schließlich können Sie auch eine "Fortbildungsstunde" in Bodenarbeit nehmen und sich und Ihre Haltung und ihre Handlungen dabei genauso wie bei einer Reitstunde von einem Fachmann korrigieren lassen.

Prinzipiell zeigt Ihnen aber auch Ihr Pferd, ob Sie Ihre Körpersignale richtig einsetzen. Ob auf dem Pferderücken oder bei der Arbeit am Boden – es gilt: reagiert das Pferd in gewünschter Weise, war die Hilfe richtig. Reagiert das Pferd nicht, so versuchen Sie es in abgewandelter Weise nochmal.

Nachdruck durch Fremdmittel

Und schließlich können Sie auch Hilfsmittel benutzen: Gerte, Peitsche oder das geschwungene Ende Ihres (langen) Führstrickes können Ihren Bewegungen den nötigen Nachdruck verleihen.

Diese Hilfsmittel sind jedoch auf jeden Fall nicht als "Schlaginstrument" gedacht, vor dem das Pferd Angst haben soll, sondern dienen

So nah an der Hinterhand des Pferdes zu arbeiten, setzt viel Vertrauen in das Pferd voraus.

dazu, Ihre Reichweite zu verlängern und Ihren Bewegungen die nötige "Schärfe" zu verleihen. Mit Schärfe ist eine Zunahme an Deutlichkeit und Direktheit gleichsam eine "forcierte" Bewegung gemeint.

Probieren Sie es aus: Versuchen Sie, ein Pferd einfach nur mit erhobenen Armen und einer zielgerichteten Bewegung in seine Richtung zu einer Reaktion, z.B. zum Ausweichen nach hinten (siehe folgende Abschnitte) zu veranlassen; wenn Sie gut in Ihrer Körpersprache sind und das Pferd Sie grundsätzlich

respektiert, wird das vielleicht schon gehen. Bei eher respektlosen Vierbeinern werden Sie unter Umständen jedoch am Anfang Schwierigkeiten bekommen. Verleihen Sie aber Ihren erhobenen Armen durch ein Werkzeug wie eine durch die Luft pfeifende Gerte, ein kreisendes Seilende oder auch eine flatternde kurze Flagge Nachdruck, so werden Ihre Bewegungen damit akzentuierter, härter und fordernder – Sie wirken drohender auf Ihr Pferd und es wird schneller und besser reagieren.

(Solche Hilfsmittel sollten auf Dauer jedoch nicht nötig sein.)

RICHTLINIEN

...für die Körpersprache

Welche Richtlinien sollten Sie beachten, wenn Sie Ihren Körper als Verständigungsmittel einsetzen?
1. Bleiben Sie aufrecht: Heben Sie den Kopf und ziehen das Kinn nicht

ein, "lassen Sie sich nicht hängen" (besonders die Schultern nicht), und laufen Sie nicht bucklig auf Ihr Pferd zu (denn das wird es als Unterwerfungsgeste deuten).

2. Imponieren Sie Ihrem Pferd: Machen Sie sich größer durch erhobene Arme und Hände oder Hilfsmittel, imitieren Sie das Steigen des Hengstes, mit dem er Rivalen einschüchtert.

3. Zielen Sie genau - bewegen Sie sich deutlich: Schlurfen Sie nicht im Sand, sondern heben Sie die Füße. Bewegen Sie sich schnell und straff, jedoch nicht hektisch oder fahrig. Machen Sie große Schritte, trippeln Sie nicht auf der Stelle. "Zielen" Sie auf die Stelle

des Pferdes, die ausweichen soll.

4. Regen Sie sich nicht auf (auch wenn nicht alles nach Plan läuft und das Pferd einmal bei der Bodenarbeit hektisch wird). Bleiben Sie ruhig und beherrscht – Ruhe gibt Ihnen Sicherheit (und Autorität) und hilft, die Körpersprache zu kontrollieren. Hektik dagegen verleitet zu Fehlreaktionen. Das Pferd darf sich hingegen ruhig kurzfristig aufregen – es sollte jedoch zum Ende einer Übung wieder ruhig werden.

5. "Treten Sie Ihrem Pferd nicht zu nahe". Halten Sie Sicherheitsabstand und arbeiten auf Distanz. Das dient, wie schon erwähnt, Ihrer eigenen Sicherheit und erweitert

gleichzeitig Ihren Aktionsradius. Sie haben dann die Möglichkeit, "Anlauf" zu nehmen und durch die Geschwindigkeit Ihre Bewegungen deutlicher und autoritärer zu machen.

6. Behalten Sie Ihr Pferd im Auge. Ein Pferd kündigt seine Aktionen an – es zeigt, wie es gelaunt ist, ob es Angst hat, kampfbereit ist oder aufmerksam auf Ihre Signale achtet und wohin es zu laufen gedenkt. Haben Sie also ein wachsames Auge auf seinen Gesichtsausdruck — das erspart Ihnen (unangenehme oder gar gefährliche) Überraschungen.

PRAXIS

Vertreiben

1. Vertreiben Sie Ihr Pferd von seinem Platz.

Sie können auf der Koppel oder im Auslauf anfangen, Ihrem Pferd klarzumachen, daß Sie der Herr im Hause sind. Erinnern Sie sich – das ranghohe Pferd kann jedes andere ohne Grund von seinem Platz verjagen – wenn Sie es also schaffen, das Pferd von dem Platz, auf dem es gerade döst oder frißt, zu vertreiben, so haben Sie schon das erste Mal gewonnen. Dazu gehen Sie in entschlossener straffer Haltung frontal auf das Pferd zu, heben die Arme und helfen unter Umständen mit lauter Stimme und einer wedelnden

Richtiges Führen will gelernt sein.

Gerte nach. Das Pferd sollte nun von diesem Platz verschwinden, wenn es Sie respektiert. Sensible Pferde machen ob solch eines Angriffs oft einen erschreckten Satz zur Seite – gut so, denn das haben Sie ja gewollt. Das Pferd wird Sie danach "fragend" anschauen, um sich zu vergewissern, daß Sie es tatsächlich weggescheucht haben. Sie können das Manöver nun wiederholen oder es auch mit dem ersten Erfolg gutsein lassen. Und haben Sie keine Angst, daß sich das Pferd später nicht mehr von Ihnen einfangen läßt – das Pferd kann sehr genau unterscheiden, was Sie von ihm wollen.

Schaut ihr Pferd Sie jedoch nur verständnislos an und bleibt stur wie ein Panzer stehen oder kommt gar auf Sie zu und wartet auf einen Leckerbissen, so ist es zwar gut Freund mit Ihnen, läßt es jedoch am Respekt fehlen.
Droht es mit dem Hinterbein oder legt ungnädig die Ohren an, ohne sich von der Stelle zu bewegen, so hat es Sie schon deutlich in die Kategorie "muß man nicht ernst nehmen" eingeordnet, und Sie werden es schwer haben, etwas von ihm zu verlangen, was es Ihnen nicht freiwillig geben will.
In den beiden letzten Fällen sollten Sie mit einer etwas längeren Peitsche Ihrer Forderung Nachdruck verleihen und das Pferd vertreiben. Passen Sie aber auf, sich dabei nicht in die Reichweite der Hinterhufe zu

begeben. Selbst wenn das respektlose Pferd schließlich widerwillig Platz macht, kann es dabei durchaus ungnädig und vor allem gezielt ausschlagen, damit seinem Unmut über seine Degradierung zum Rangniederen Ausdruck geben und Sie nebenbei ins Krankenhaus befördern. Also: Abstand halten – einmal zur eigenen Sicherheit und zum zweiten, um das Pferd nicht in die Enge zu treiben und damit eine unkontrollierbare Reaktion zu provozieren. Der Sicherheitsabstand wird noch wichtiger, wenn das Pferd mit angsteinflößenden Übungen konfrontiert wird (dazu später mehr).

Führung

2. Übernehmen Sie die Führung
Die verschiedenen Führpositionen und ihre Bedeutung.
Sie wissen – das rangniedere Pferd darf das Leittier nicht überholen. Selbst dann nicht, wenn es durch etwas erschrickt, was hinter ihm geschieht und auch dann nicht, wenn Sie unerwartet und abrupt stehen bleiben. Das Pferd hat Ihnen als "Leittier" immer soviel Aufmerksamkeit zu zollen, daß es Ihnen nicht in die Hacken läuft, egal, was passiert.
Will es also an Ihnen vorbei, so heben Sie den Arm oder den Ellbogen vor seine Nase. Hilft das nicht, so gibt es einen Ruck am Halfter, einen Klaps mit der Gerte oder dem Strick vor die Brust oder

einen Knuff mit dem Ellbogen. Bald sollte dem Pferd klar sein, daß es Sie nicht überholen darf. Das Führtraining kann sich im Schritt und später im Trab abspielen. Auch einem abruptem Stop des Führenden aus dem Trab muß das Pferd durch sofortiges Anhalten folgen.

Nun gibt es zwei verschiedene Positionen, bei denen das Pferd Sie nicht überholt.

a. Es läuft direkt hinter Ihnen – diese Position nimmt oft das Fohlen

Führpositionen:

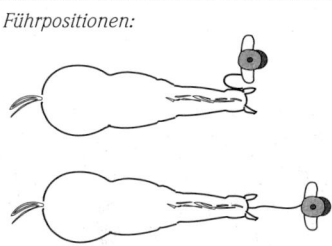

mehr Schutz:
Position vor und neben dem Kopf
des Pferdes.

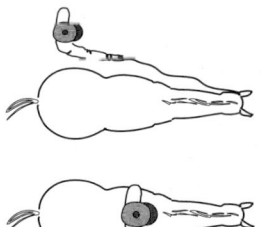

mehr Dominanz:
Position hinter und auf dem Pferd.

hinter der Mutter ein. Die Mutter ist dabei jedoch nicht nur Respektsperson, sondern bietet gleichzeitig den größtmöglichen Schutz für das Fohlen. In der Position direkt vor dem Pferd übernimmt der Mensch die "Mutterrolle" – damit hält er das Pferd in absoluter Abhängigkeit.

b. Es läuft mit dem Kopf in Ihrer Schulterhöhe – das ist die Position, die das Pferd dann einnimmt, wenn es weniger Schutz sucht, aber rangniedriger ist als der schräg vor ihm laufende Kollege.

In Position b ist das Pferd also selbständiger und weniger auf Schutz angewiesen als in Position a. Position a kann für Übungen sinnvoll sein, vor denen das Pferd deutlich Angst hat, Position b dagegen für Übungen, bei denen das Pferd selbständiger arbeiten soll.

Es gibt jedoch noch eine dritte Art, Pferde zu führen:

c. Sie führen das Pferd schräg von hinten – damit imitieren Sie die absolute Machtposition des Leithengstes, der seine Herdenmitglieder oft von hinten "auf Trab bringt". Das Führen von hinten verleiht dem Menschen dementsprechend eine natürliche Autorität. Die Arbeit am langen Zügel und das Fahren vom Boden gründet sich auf diese Rangstrukturen, aber auch das Reiten selbst, bei dem der Mensch eine ähnliche Position wie beim Führen bzw. Treiben von hinten einnimmt. Das erklärt auch das häufig zu beobachtende Phänomen, daß Pferde an der Hand recht ungezogen sind, sich unter dem Reiter aber ganz gesittet benehmen: es ist die dominante Position, die dem Reiter dabei hilft.

Position c ist für Übungen sinnvoll, bei denen die Autorität des Menschen gefestigt werden soll und bei Lektionen, die dem Pferd Ängste nehmen sollen. Der Mensch schickt das Pferd dabei in angsterzeugende Situationen hinein, die das Pferd dann selbständig "meistert".

Aber Achtung: In Position c geben Sie die Richtung vor - verwechseln Sie diese Führposition nicht mit dem recht häufigen Fall, bei dem das Pferd den Menschen hinter sich herzieht – und der Mensch mehr oder weniger erfolgreich versucht mit

Nur, wenn Sie die Aufmerksamkeit Ihres Pferdes haben, können Sie es beeinflussen.

ihm Schritt zu halten und es in die gewünschte Richtung zu bug-sie-ren. Solche Pferde müssen erst ler-nen, in Position a und b zu laufen, bevor Position c sinnvoll ist.

Aufmerksamkeit

3. Sichern Sie sich das Interesse und die Aufmerksamkeit Ihres Pferdes

Für manche Pferde ist der Mensch ein notwendiges Übel, dem man nur widerwillige Aufmerksamkeit entgegenbringt – am liebsten dann, wenn es etwas zu fressen gibt. Lassen Sie sich als Mensch nicht zum Futterlieferanten degradieren. For-dern Sie die ungeteilte Aufmerk-samkeit des Pferdes. Nur wenn das Pferd Sie in den Mittelpunkt seines Interesses stellt, können Sie mit ihm arbeiten. Schaut es desinteressiert in die Landschaft, so wird es Ihre Forderungen ignorieren.

Futter ist ein Mittel, das Ihnen die Aufmerksamkeit des Pferdes kurzfri-stig bringt. Dauernde Verabreichung von Leckerbissen birgt jedoch die oben beschriebene Gefahr, daß sich das Pferd nur dann für Sie interes-siert, wenn Ihre Taschen voller Futter sind.

Sinnvoller ist es, dem Pferd bestimmte Aufgaben zu stellen, ihm bei deren Bewältigung zu helfen und es dann für besondere Leistun-gen zu belohnen. Bessere Beloh-nung als Futter ist dabei oft eine kurze Ruhepause, bei der sich das Pferd nach einer "spannenden" Übung entspannen kann. Viele Pferde fangen in einer solchen Pause an zu kauen – sie "verdauen" dabei die vorangegangene Lektion. Sind Sie für Ihr Pferd schon zum Leittier geworden, so wird Ihnen die Aufmerksamkeit im wahrsten Sinne des Wortes geschenkt, denn kein Pferd in der Herde kann es sich lei-

Ruhig und aufmerksam verfolgt das Pferd die Handlungen des Menschen – die Stellung der Ohren verrät sein Interesse.

*Geben Sie die Richtung vor, in die das Pferd laufen soll – hier ein Roll back im Roundpen:
der Mensch läuft dem Pferd in den Weg – der ausgestreckte rechte Arm wirkt wie eine Barriere.*

sten, nicht immer ein waches Auge auf den Ranghöchsten zu haben. Wollen Sie die ungeteilte Aufmerksamkeit des Pferdes, so achten Sie auch darauf, daß es keine Angst hat. Ein ängstliches Pferd befindet sich in Fluchtbereitschaft – es ist völlig normal, daß es dem Menschen dann keine Aufmerksamkeit schenkt.

Kooperation

4. Machen Sie Ihr Pferd zum Kooperationspartner, nicht zum Befehlsempfänger.

Erziehen Sie Ihr Pferd zur Mitarbeit indem Sie es wählen lassen. Geben Sie ihm eine Aufgabe und lassen ihm mindestens zwei Alternativen, zu reagieren. Machen Sie ihm dann alle Reaktionen, die Sie nicht von ihm wollen, unbequem und nur die von Ihnen gewünschte bequem. Stören Sie es z.B. durch Seilpropeller, Gerten- oder Armgewedel, wenn es die "falsche" Alternative wählt. (Wir reden hier von stören, nerven, nicht jedoch von schlagen oder verprügeln.) Das Pferd wird sich irgendwann für die vermeintlich bequeme-

re Lösung entscheiden und hat dies "freiwillig" getan – Sie haben dabei nur etwas nachgeholfen.

Hilfslehrer

Um Ihr Pferd etwas lernen zu lassen, können Sie auch ältere Pferde als "Hilfs-Lehrer" einsetzen.
Haben Sie ein Pferd, welches sich auf der Weide nicht einfangen läßt, stellen Sie es zu Pferden, die freiwillig kommen. Ignorieren Sie es einfach eine Weile und holen die anderen zum Fressen in den Stall. Ohne

Gesellschaft und im Hinblick auf das Abendessen stehen die meisten Pferde schnell am Zaun und wollen auch geholt werden.

Züchter bedienen sich immer der Pferde-Lehrmeister; Fohlen lernen damit recht schnell den Umgang mit dem Menschen – Sie schauen sich einfach das Verhalten der Mutterstute dem Menschen gegenüber ab. Ist diese gut erzogen, so hat man mit dem Fohlen auch keine Schwierigkeiten.

Richtung vorgeben

5. Geben Sie die Richtung an.
Bleiben wir beim Herdenverhalten und schauen uns dort "artgerechte Forderungen" ab. Jedes rangniedere Pferd muß dem Ranghöheren ausweichen – das haben Sie auf der Koppel schon ausprobiert, indem Sie Ihr Pferd von seinem Platz vertrieben haben.
Gehen Sie jetzt einen Schritt weiter: Fordern Sie von Ihrem Pferd zielgerichtetes Ausweichen. Sie können

a. es zu sich heranholen,
b. nur die Vorhand oder nur die Hinterhand ausweichen lassen,
c. es seitwärts gehen lassen,
d. es rückwarts von sich wegschicken.

Heranholen

a. Holen Sie das Pferd heran.
Dazu gehört natürlich das schon beschriebene Führen (das Pferd folgt).

Die Übung geht jedoch noch weiter. Bringen Sie Ihrem Pferd bei, auch einem stärkeren Zug am Halfter nachzugeben, statt sich dagegen zu wehren (z.B. dann, wenn Sie es auf etwas längere Distanz – an der Longe – heranholen wollen). Die meisten Pferde stehen manchmal wie angewurzelt, wenn Ihnen etwas gefährlich erscheint. Mit dieser Übung können Sie sie dazu veranlassen, dem Zug am Halfter trotzdem zu folgen.

Warum wehrt sich ein Pferd überhaupt gegen den Zug? fragen Sie. Erinnern Sie sich an die Einleitung – das Pferd besitzt einen Fluchtinstinkt und ein starkes Streben nach Unabhängigkeit: der Zug am Halfter stellt eine Einschränkung seiner Bewegungsfreiheit dar, die das Pferd deswegen erst einmal mit einem Gegenzug beantworten wird. Sie können nun ein Tauziehen mit Ihrem Pferd veranstalten – das Sie wegen der unausgeglichenen Kräfteverhältnisse nur verlieren können. Sie können jedoch den Strick oder die Longe (am besten ist ein langer schwerer Strick für diese Arbeit) auch wie ein vibrierendes Gummiband handhaben. Üben Sie Zug aus und verstärken Sie ihn langsam, bis das Pferd deutlichen Widerstand (Gegenzug) aufbaut. Geben Sie leicht nach und verstärken Sie dann den Zug wieder – das wiederholen Sie solange, bis das Pferd einen Schritt nach vorne

-- auf Sie zu – macht. In diesem Moment lassen Sie den Strick sofort ganz locker, loben das Pferd und lassen es eine Weile ruhig stehen. Fordern Sie weitere Schritte auf diese Weise – das Pferd wird schnell begreifen, daß der Druck im Genick nachläßt, wenn es vorwärts ausweicht.

Entspannung auf Kommando

Das Gleiche können Sie nun auch anwenden, um den Kopf des Pferdes zu senken.
Ziehen Sie den Kopf des Pferdes gleichsam mit dem gummibandartigen Zug nach unten.
Dabei können Sie sich vor Ihr Pferd knien oder in die Hocke gehen.
Das Pferd lernt bei dieser Aktion – außer dem Zug nachzugeben statt gegen ihn zu kämpfen – gleichzeitig, sich auf "Anweisung" des Menschen durch Senken des Kopfes zu entspannen.

Ein angehobener Kopf bedeutet immer eine mehr oder weniger starke Alarmhaltung – das Pferd ist gespannt und fluchtbereit – und seine Aufmerksamkeit gilt nicht dem Menschen. Die tiefe Kopfhaltung (Freßhaltung) dagegen bedingt einen entspannten Gemütszustand (erinnern Sie sich – Körper und Geist stehen in Wechselwirkung).

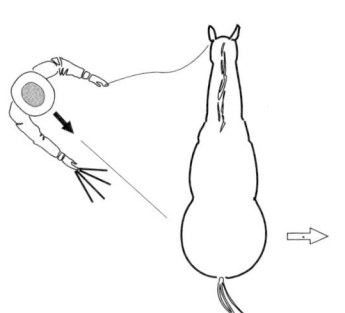

Zielgerichtetes Ausweichen:
Nur die Hinterhand ausweichen lassen.

Zielgerichtetes Ausweichen:
Nur die Vorhand ausweichen lassen.
oben: Richtige Position.

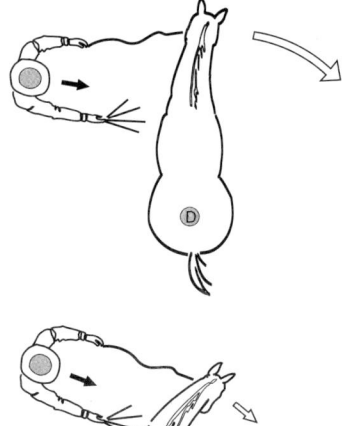

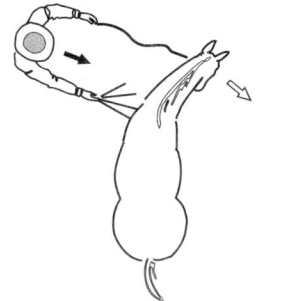

unten: Falsche Position (zu weit vorne)
– das Pferd dreht nur den Hals weg.

Gerichtetes Ausweichen

b. Steuern Sie Vor- und Hinterhand des Pferdes getrennt

Arbeiten Sie dazu mit dem Pferd am Halfter und mit einem langen Strick, der Ihnen viel Bewegungsfreiheit läßt, ohne die Kontrolle über den Kopf des Pferdes zu verlieren.

Sie wollen z.B., daß das Pferd nur hinten ausweicht. Dazu gehen sie schräg von vorne auf seine Hinterbeine zu. Zielen Sie mit Ihrer Fußspitze auf sein inneres Hinterbein – bewegen Sie sich dann forsch auf seine Hinterhand zu – und vergessen Sie nicht, dabei aufrecht zu bleiben und den Kopf nicht hängen zu lassen. Das Pferd sollte nun mit der Hinterhand seitwärtstreten und mit der Vorhand stehenbleiben – es führt prinzipiell eine (oft ziemlich schnelle) Vorhandwendung an der Hand aus. Reagiert das Pferd nicht auf Ihre Körpersprache, helfen Sie sich mit einer wedelnden Gerte oder lassen Sie das Ende Ihres Strickes kreisen, um Ihren Bewegungen Schärfe zu geben.

Wollen Sie, daß Ihr Pferd nur vorne ausweicht, bewegen Sie sich auf die Schulter des Pferdes zu – zielen Sie dabei mit Ihrer Fußspitze auf den Ballen des Ihnen zugewandten Vorderbeines. Das Pferd sollte nun mit der Vorhand ausweichen. Auf diese Weise können Sie Ihrem Pferd

eine Hinterhandwendung an der Hand beibringen. Bei dieser Übung ist Ihre Position in Relation zum Pferd besonders wichtig; wenn Sie zu weit vorne beginnen, dreht das Pferd nur den Hals weg - beginnen Sie zu weit hinten, wird das Pferd nach vorne laufen, statt die Vorhand zur Seite zu bewegen.

Wichtig ist bei diesen Übungen immer, daß das Pferd Sie dabei ansieht, Sie praktisch "fragt", was Sie von ihm wollen und sich dann beeilt, dies auch zu tun.
Wozu das Ganze gut sein soll?
Ganz einfach – Sie bringen das Pferd mit diesen Übungen dazu, mit seiner ganzen Aufmerksamkeit bei Ihnen zu sein – Sie fixieren es auf sich und Ihre Körpersprache. Es soll schließlich reagieren, wenn Sie etwas von ihm wollen und nicht in der Weltgeschichte herumgucken. Ganz nebenbei können Sie viele spätere Lektionen unter dem Sattel mit dieser Arbeit "vortrainieren" – aber eigentlich ist das nur ein nützlicher Nebeneffekt.

Seitwärts

c. Lassen Sie Ihr Pferd seitwärts gehen.

Können Sie Vor- und Hinterhand getrennt steuern, so sind die Seitengänge an der Hand kein Problem mehr. Sie müssen nur noch ausprobieren, in welcher Position (zwischen Vor- und Hinterhand) Sie stehen müssen, um Ihr Pferd eine reine Seitwärtsbewegung oder ein Schenkelweichen ausführen zu lassen. Für die reine Seitwärtsbewegung stehen Sie näher an der Schulter und blockieren durch kurzes Annehmen am Führstrick die Vorwärtsbewegung des Pferdes – für ein Schenkelweichen stehen Sie näher an der Hinterhand und lassen das Pferd vorwärts- und seitwärtstreten.

Rückwärts

d. Schicken Sie das Pferd rückwärts weg.

Als letzte und schwierigste Übung kommt das Ausweichen rückwärts. Schwierig deswegen, weil das Pferd zum Ersten direkt hinter sich nichts sieht – und Ihnen deswegen schon vertrauen muß, daß Sie es nicht rückwärts in den Abgrund schicken. Zum Zweiten, weil das Rückwärtsgehen in der Natur oft eine Unterwerfungsgeste ist (sieht man einmal davon ab, daß eine Stute manchmal auch rückwärts geht, um einer anderen besser einen Huftritt verpassen zu können). Und zum Dritten, weil es anstrengend ist – beim Rückwärtsgehen muß das Pferd die Hinterbeine stark untersetzen und beugen sowie den Rücken aufwölben – beides fällt einem noch ungymnastizierten Pferd schwer.

Viele Pferde werden sich also erst einmal gegen das Rückwärtsgehen wehren – und versuchen, stehenzu-

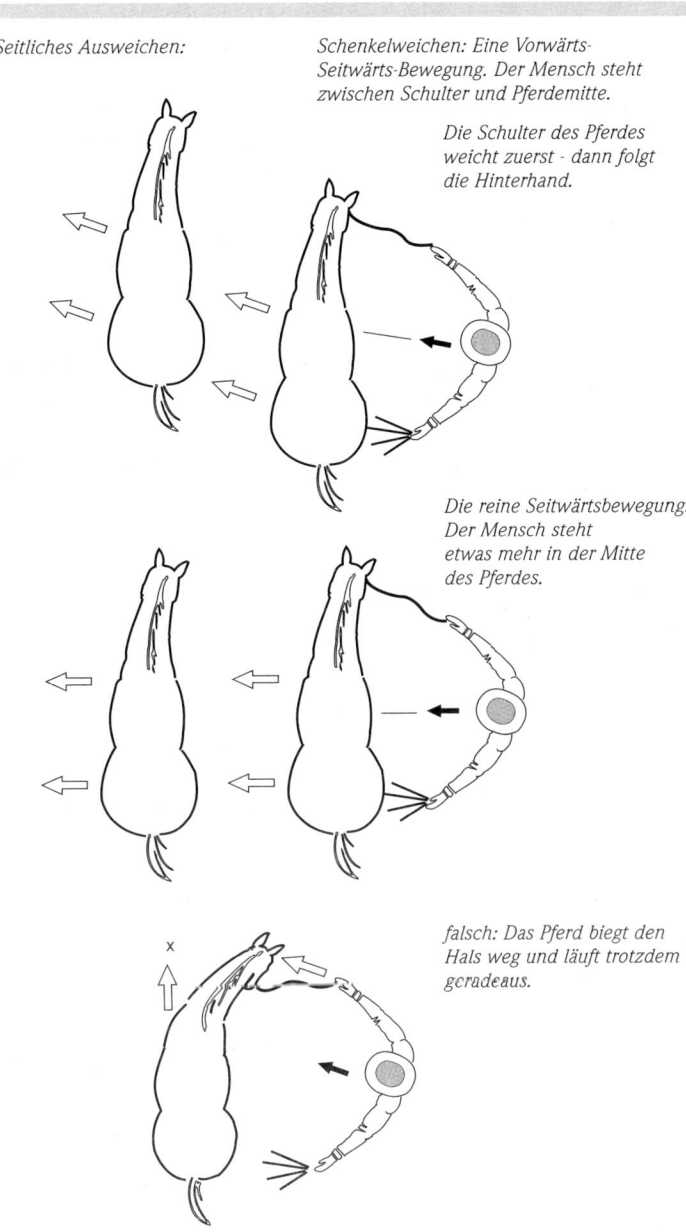

Seitliches Ausweichen:

Schenkelweichen: Eine Vorwärts-Seitwärts-Bewegung. Der Mensch steht zwischen Schulter und Pferdemitte.

Die Schulter des Pferdes weicht zuerst - dann folgt die Hinterhand.

Die reine Seitwärtsbewegung: Der Mensch steht etwas mehr in der Mitte des Pferdes.

falsch: Das Pferd biegt den Hals weg und läuft trotzdem geradeaus.

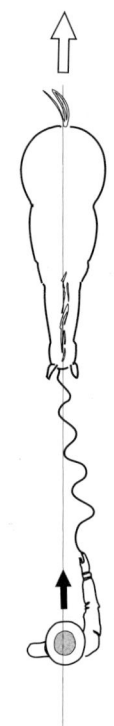

*Rückwärts wegschicken:
Verschiedene Hilfsmittel stehen zur
Verfügung: Wellenschlag mit dem
Seil, Gerte oder Seilpropeller.
Das Pferd sollte idealerweise jedoch
nur auf die Körpersprache und die
Bewegungsrichtung des Menschen
rückwärts ausweichen.*

bleiben oder seitlich auszuweichen. Schlimmstenfalls werden Sie auch versuchen, die Flucht nach vorn anzutreten und Sie über den Haufen zu rennen. Aus diesem Grund ist es wieder sinnvoll, dem Pferd nicht zu sehr "auf die Pelle" zu rücken und genug Abstand (am besten 2-3 m) zu halten. Sollte es sich nun tatsächlich nach vorne entziehen, kann es noch seitlich an Ihnen vorbei und rennt Sie nicht um.

Es gibt noch einen zweiten wichtigen Grund, auf Abstand zu arbeiten: Halten Sie sich die Möglichkeit offen, einen großen, schnellen Schritt auf das Pferd zuzugehen, dem es oft überrascht ausweichen wird. (Beobachten Sie auf der Koppel, wie Pferde Attacken starten, um einen Kollegen zu vertreiben – sie nehmen Anlauf dabei, um durch Schnelligkeit zu überraschen.) Sind Sie vor der Attacke zu dicht dran, treffen Sie das Pferd mit Ihrem Körper, wenn es stur stehen bleibt; Sie haben dann keinen Aktionsradius mehr für weitere Handlungen.

Welche Möglichkeiten haben Sie nun, Ihr Pferd rückwärts zu schicken?

Bewegen Sie sich frontal auf das Pferd zu – zielen Sie dabei auf einen Punkt zwischen den beiden Vorderbeinen. Sie können dabei Ihre erhobenen Arme und Hände benutzen, mit denen Sie dem Pferd vor dem Kopf herumwedeln. Haben Sie damit keinen Erfolg, können Sie das Gleiche mit der Gerte oder einem kreisenden Seilende tun. Verwenden Sie eine Gerte, so lassen Sie sie nur vor der Nase des Pferdes durch die Luft pfeifen – berühren Sie den Pferdekopf nicht damit. Ein leichter Klaps vor die Brust hingegen kann nicht schaden. Mit einem kreisenden Seilende können Sie dem Pferd auch einmal leicht auf die Nase klatschen – aber Vorsicht: nicht in Augenhöhe verwenden. Manche Pferde gehen auch auf einen Wellenschlag mit dem Leitseil oder der Longe ganz gut rückwärts. Es gibt viele Methoden, die zum Erfolg führen – die Hauptsache, Ihr Pferd weicht Ihnen aus, und zwar in der Richtung, die Sie vorgeben.

Kombinationen

Mit den oben beschriebenen Methoden haben Sie nun die Möglichkeit, Ihrem Pferd auf völlig artgerechte Weise Respekt beizubringen — nämlich genau so, wie es in der Herde auch geschieht.

Durch geschickte Kombinationen der zielgerichteten Ausweichmanöver können Sie Ihr Pferd nun an der Hand alles Mögliche lehren – ohne ihm zu nahe zu kommen und sich selbst damit in Gefahr zu bringen. Sie haben den Grundstein für das Longieren gelegt. Und Sie haben sich die reiterliche Arbeit erleichtert, weil das Pferd Ihre Wünsche nicht mehr in Frage stellen wird – es sei denn, Sie fordern etwas von ihm, was es noch nicht kann. Doch dazu später mehr.

Das letzte Wort

6. Entscheiden Sie, was gemacht wird und behalten Sie das letzte Wort.

Konsequenz ist der oberste Grundsatz für die Erziehung. Bedenken Sie bei der Arbeit mit Pferden, daß "antiautoritäre Erziehung" keine Vokabel aus der Herdensprache ist. Ein "Vielleicht" gibt es nicht, nur ja oder nein – und der Pferdeboß diskutiert auch nicht mit dem Rangniederen, bevor er ihm einen Tritt versetzt. Ob er "recht" hatte, steht nicht zur Debatte – er ist der Stärkere, punkt, aus.

Das bedeutet für Sie im übertragenen Sinn: Nehmen auch Sie sich das Recht des Stärkeren. Wenn Sie während eines Übungsabschnittes etwas von Ihrem Pferd wollen, sehen Sie zu, daß es das auch tut. Egal, wie lang es dauert. Verlangen Sie jedoch nichts Unmögliches – damit untergraben Sie das Vertrauen des Pferdes (zu "möglich" und "unmöglich" kommen wir später noch).

Jede der bis jetzt beschriebenen Übungen ist jedoch von jedem Pferd zu bewältigen – egal ob alt oder jung, ungeritten, angeritten oder schon fortgeschritten in der Ausbildung unter dem Reiter. Nehmen Sie sich also Zeit. Wenn etwas nicht gleich klappen sollte, probieren Sie es erneut (und überlegen Sie auch, ob der Fehler nicht in Ihrer Körpersprache liegt) – so lange, bis sich zumindest ein Teilerfolg einstellt. Aber nehmen Sie sich nicht gleich alle Übungen auf einmal vor. Blockiert das Pferd z.B. beim Rückwärtsrichten oder beim Seitwärtstreten, so hören Sie nicht auf, das Pferd zu nerven, bis es mindestens einen kleinen Schritt rückwärts bzw. seitwärts geht. Seien Sie einfach sturer als das Pferd, aber behalten Sie die Ruhe dabei. Wenn das Pferd sich aufregt – macht nichts, lassen Sie es ruhig einmal zappeln oder wild um Sie herumspringen. Nur sollten Sie selbst sich auf keinen Fall dabei aufregen. Werden Ihre Bewegungen vor Aufregung hektisch und fahrig, untergräbt das Ihre Autorität.

Unter Umständen wird es nötig sein, besonders dickfellige Vertreter der Gattung Pferd mit einer Führkette zu arbeiten, um zu verhindern, daß sie einem den Strick durch die Hände ziehen und sich hämisch wiehernd auf und davon machen. Handschuhe sind dabei sinnvoll, um sich nicht bei einer solchen Aktion „die Finger zu verbrennen" (siehe auch Ausrüstung).

In Sachen Konsequenz ist es auch wichtig, sich selbst zu entscheiden, was das Pferd darf und was nicht. Manche Verhaltensweisen des Pferdes können Sie, müssen Sie aber nicht dulden. Solange das Pferd nicht deutlich gegen die Rangordnung verstößt, kann man für sich selbst festlegen, was man ihm durchgehen läßt und was nicht.

Wühlt Ihnen das Pferd z.B. zärtlich mit dem Maul in den Haaren, so können Sie das als Freundschaftsbeweis dulden, müssen jedoch darauf gefaßt sein, daß es gleich darauf mit der "Fellpflege" beginnt – und das kann unangenehm werden. Beobachten Sie nur einmal, wie ruppig sich die meisten Pferde bei der Fellpflege beknabbern – Ihre Kopfhaut verträgt das sicher nicht so gut. Trotzdem ist das eine freundliche Geste Ihres Pferdes und es wird nicht verstehen, wenn Sie es dafür strafen. Also lassen Sie es besser nicht so weit kommen und unterbinden diese Zärtlichkeiten freundlich, indem Sie die Nase des Pferdes wegschieben – oder Sie sind wachsam genug, den Kopf rechtzeitig wegzuziehen, wenn das Pferd statt der Lippen die Zähne einsetzen will. In diesem Fall kann man so oder so entscheiden.

Will sich das Pferd jedoch an Ihnen scheuern, so sollten Sie das auf keinen Fall dulden. Ihrer Stellung als Alphatier bekommt das nicht – Sie sind doch kein Baum, an dem man sich den Kopf kratzen kann. (Anders sieht die Sache aus, wenn Sie von sich aus die Initiative ergreifen und das Pferd an einer juckenden Stelle kratzen. Das Pferd wird es Ihnen als Freundschaftsbeweis danken.)

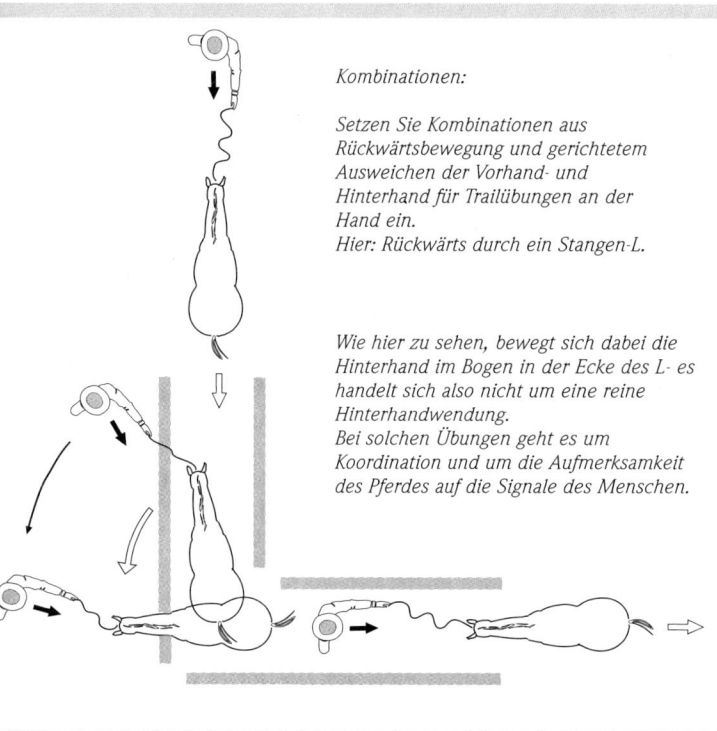

Kombinationen:

Setzen Sie Kombinationen aus Rückwärtsbewegung und gerichtetem Ausweichen der Vorhand- und Hinterhand für Trailübungen an der Hand ein.
Hier: Rückwärts durch ein Stangen-L.

Wie hier zu sehen, bewegt sich dabei die Hinterhand im Bogen in der Ecke des L- es handelt sich also nicht um eine reine Hinterhandwendung.
Bei solchen Übungen geht es um Koordination und um die Aufmerksamkeit des Pferdes auf die Signale des Menschen.

Der Roundpen

Die Arbeit im Roundpen – mit und ohne Longe:
Der Roundpen ist eine äußerst arbeitserleichternde Einrichtung, die es dem Menschen ermöglicht, das Pferd auf Distanz zu kontrollieren, ohne daß das Pferd sich dieser Kontrolle entziehen kann.
Bestimmen Sie im Roundpen, wann, wie schnell und wohin das Pferd läuft (das tut der Herden-chef auch), oder lassen Sie es darin seine Spannungen ohne Reiter abreagieren.

Kontrollieren Sie das Tempo und die Gangart des Pferdes, indem Sie es mit Ihrer Körperposition treiben oder verlangsamen. Wollen Sie trei-ben, so nehmen Sie die Position schräg hinter dem Pferd ein – wollen Sie verlangsamen, bewegen Sie sich schräg vor die Schulter des Pferdes – jedoch nicht so weit vor der Schulter, daß das Pferd stoppt. Stimmhilfen können Ihre Körper-position unterstützen.

Stoppen Sie das Pferd und veranlas-sen es zu einem Richtungswechsel nach außen (Roll back), indem Sie ihm mit Ihrem eigenen Körper den Weg versperren. Wollen Sie einen Richtungswechsel nach innen, gehen Sie auf die Hinterhand des Pferdes zu und veranlassen es damit, sich zu Ihnen hineinzudrehen (erinnern Sie sich – die Hinterhand

---

Genauso darf Sie das Pferd nicht mit dem Kopf "spielerisch" anstoßen. Erstens tut das meistens weh – und das ist Grund genug, es nicht zuzu-lassen. Und zweitens ist Anrempeln eine deutliche Verletzung Ihres per-sönlichen "Intim"bereichs – und als solches "strafbar".
Wichtig ist auf jeden Fall, dem Pferd nicht einmal etwas zu erlauben und es das nächste Mal für die gleiche Sache zu strafen. Solche Inkonse-quenz kann es nicht verstehen.
Durchsucht das Pferd Ihre Taschen nach Futter, weil es weiß, daß darin

oft ein Leckerbissen wartet, so fin-den Sie das vielleicht nicht schlimm. Hat es jedoch die erste Jackentasche zerrissen, so wird es oft bestraft – und weiß gar nicht warum. Der Herdenchef würde es jedoch auch nicht dulden, wenn ein Unter-geordneter unaufgefordert bei ihm mitfrißt – also sollten Sie das auch nicht tun. Geben Sie Ihrem Pferd klare Richtlinien, was sie wollen und was nicht (z.B. es darf nie an die Jackentasche, egal was sich darin befindet) und halten Sie sich auch selbst kompromißlos daran.

des Pferdes weicht nach außen aus, wenn Sie gut auf das innere Hinterbein zielen – das Pferd sieht Sie dann an). Dann gehen Sie seitlich auf die vormals äußere Seite des Pferdes zu, zielen schließlich mit Ihrer Bewegung auf seine Schulter und das Pferd wird die Richtung in Form einer Hinterhandwendung nach innen wechseln.

Hat das Pferd an der Hand gelernt, Ihnen zu folgen, wenn Sie rückwärts gehen, so können Sie es auch zu sich heranholen, indem Sie rückwärts laufen und dann erst den Seitenwechsel fordern. Sie bringen das Pferd damit dazu, "durch den Zirkel zu wechseln" – ohne Longe und bei einem gut auf Sie fixierten Pferd schließlich auch ohne Hilfsmittel.

Sie können im Roundpen auch mit Longe arbeiten, einfacher ist es jedoch ohne.

Später können Sie das Pferd vom Boden fahren (mit der Doppellonge arbeiten). Benutzen Sie dabei einen Westernsattel oder einen Longiergurt und die Steigbügel bzw. die Ösen des Longiergurtes zum Durchziehen der Longe, damit diese nicht auf dem Boden schleift und das Pferd womöglich drauftritt. Diese Arbeit kann gut am Halfter ausgeführt werden.

Um das Pferd daran zu gewöhnen, einem Druck im Maul nachzugeben, kann es später an der Trense ausgebunden werden. Jedoch sollte nie-

*Training der Hinterhand:
Der Roll back zum Zaun:
Positionen des Menschen.*

Richtungswechsel an der Longe.

1

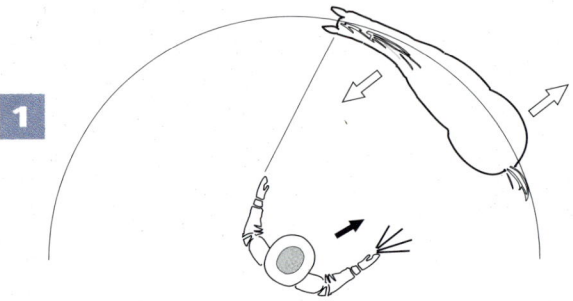

1. Hinterhand nach außen weichen lassen - das Pferd wendet sich zum Menschen in der Mitte.

2

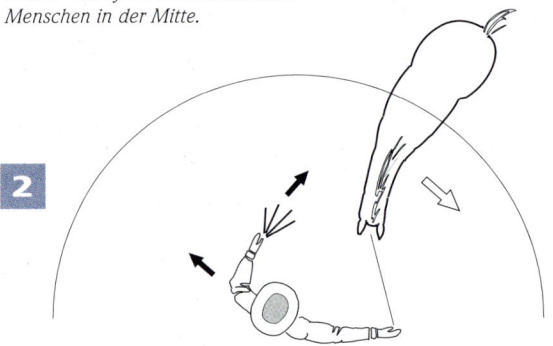

2. Schulter zur Seite weichen lassen ... und das Pferd befindet sich auf der anderen Hand.

3. Pferd auf die Zirkellinie zurücktreiben.

3

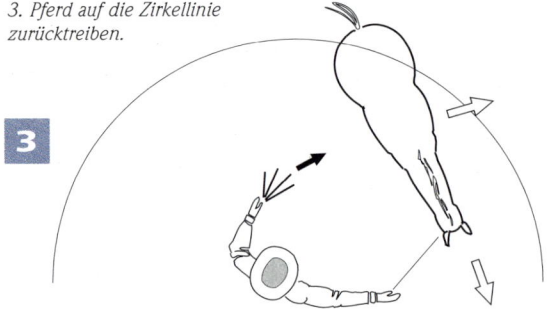

mals die Longe in die Trensenringe eingehängt werden. Benutzen Sie das (enggeschnallte) Halfter unter der Trense oder einen Kappzaum, um die Longe einzuhängen. Das bewahrt das Pferd davor, von Ihnen unbeabsichtigte Arrets ins Maul zu bekommen.

Schnüren Sie das Pferd mit den Ausbindern nicht zusammen. Das kann zu panischen Reaktionen (z. B. zum Überschlagen) führen, wenn das Pferd sich in seiner Bewegungsfreiheit zu stark eingeengt fühlt. Binden Sie tiefer (nicht enger) aus, wenn das Pferd dazu neigt, den Hals hochzudrücken. Wird das Pferd beim Ausbinden zu eng im Hals, benutzen Sie lieber ein Chambon. Manche Reiter binden die Pferde auch am Schweif aus, um eine gleichmäßige Längsbiegung zu erreichen. Dies darf jedoch immer nur in leichter Biegung getan werden.

Versuchen Sie nicht, eine Biegung des Pferdes zu erreichen, indem Sie es innen extrem kurz ausbinden. Das führt oft nur dazu, daß das Pferd sich in der inneren Schulter festmacht, weil ihm diese Biegung weh tut oder weil es sich aus Angst vor Beweglichkeitsverlust verkrampft. Im schlimmsten Fall versucht sich ein Pferd durch Steigen dem Zwang zu entziehen und überschlägt sich rückwärts.

Versuchen Sie lieber, die Aufmerksamkeit des Pferdes zu erringen, es wird den Kopf zu Ihnen wenden – und Sie haben eine leichte Biegung schon erreicht.

Abwechslung in der Arbeit und ab und zu eine kleine Belohnung können Ihnen helfen, das Pferd "bei sich zu behalten".

Abwechslung bekommen Sie z.B. mit Kombinationsübungen in Ihre Arbeit.
Kombinieren Sie Seitwärts- und Rückwärtsübungen. Lassen Sie das Pferd rückwärts im Zickzack durch Pylonenreihen gehen, lassen Sie es seitwärts über eine Stange treten, wechseln Sie oft das "Hilfsmaterial" für Trailhindernisse. Legen Sie Planen über die Brücke oder dekorieren Sie Stangen mit Luftballons. Achten Sie darauf, daß das Pferd nicht durch eine Übung hindurchsaust nach dem Motto "kenn ich schon". Sie sollten es in jeder Phase einer Übung anhalten können. Es darf Ihnen nicht vorgreifen – das tut es jedoch häufig, wenn eine bestimmte Übung zu oft hintereinander trainiert wurde – es weiß dann, was kommt und absolviert gelangweilt sein Pflichtprogramm.

Haben Sie die Aufmerksamkeit des Pferdes, so können Sie es auch ohne Roundpen frei arbeiten – Sie haben damit die Grundlagen der Freiheitsdressur gelegt und sich der freiwilligen Mitarbeit des Pferdes versichert.

Die Übungen am Boden sind vielfältig: Wichtig ist ist jedoch immer: Ruhe behalten und deutlich agieren.

Artgerechte Haltung

Grundbedürfnisse des

Pferdes befriedigen.

Das Pferd ist als Herdentier

ein soziales Wesen.

Es verträgt, genau wie die

meisten Menschen,

Einsamkeit und Isolation

schlecht. Zudem bekommt

ihm als Bewegungstier

Bewegungsmangel nicht.

Trägt die Haltung des

Pferdes seinen

Grundbedürfnissen nicht

Rechnung, so ergeben sich

im Verhältnis Mensch-

Pferd viele Probleme daraus.

NATÜRLICH

Was tun viele Stall- und Pferdebesitzer: sie sperren ihre Pferde 23 Stunden am Tag in dunkle Käfige – genannt Boxen. Den Kontakt untereinander unterbinden Gitterstäbe, Ausblicke nach außen werden von schmutzigen Fenstern verhindert, die Türen sind geschlossen – es könnte ja irgendwo Zugluft entstehen – und der arme Vierbeiner langweilt sich zu Tode, entwickelt Verhaltensstörungen wie Weben und Koppen, "Untugenden" wie Scheuen und Durchgehen oder er wird anfällig gegen alle Arten von Krankheiten.

Erfreulicherweise wächst das Bewußtsein für die natürlichen Bedürfnisse der Pferde, und verantwortungsbewußte Pferdehalter haben Begriffe wie Auslauf, Weidegang, Offenstall oder Laufboxen in ihren Wortschatz aufgenommen.
Daß sie mit einer natürlichen Haltung nicht nur ihrem Pferd etwas Gutes tun, sondern auch sich selbst das Reiterleben erleichtern, soll hier verdeutlicht werden.

Bewegung

Verschaffen Sie Ihrem Pferd Bewegung. Ein Stündchen reiten am Tag genügt dem Bewegungsbedürfnis des Pferdes keineswegs – zumal sein Organismus auf eine Dauerbewe-

Ausreichende Bewegung hilft, Probleme zu vermeiden.

gung (meist grasend im Schritt) eingestellt ist.
Holen Sie Ihr Pferd nun nach seinen 23 Stunden Stallruhe zu einem kleinen Ausritt, so brauchen Sie sich nicht wundern, wenn es "vor Kraft platzt". Es soll ja Reiter geben, die es mögen, wenn ihr Pferd unruhig tänzelt, sich aufspielt und jede Maus für ein pferdefressendes Ungeheuer hält. Viele andere hingegen finden das eher beängstigend.
Auf alle Fälle ist es unbequem und zuweilen auch gefährlich. Mit dem Pferd draußen zu sein, sollte Pferd und Reiter entspannen und nicht beide an den Rand eines Nervenzusammenbruchs bringen. Als Reiter sollten Sie sich dabei auf Ihr Pferd verlassen können – und nicht immer damit rechnen müssen, daß

es Sie mit einem schreckhaften Satz in den nächsten Graben setzt.

Die meisten Pferde, die sich so schreckhaft gebärden, sind nicht von Natur aus ängstlich. Viele haben ganz einfach "aufgestaute Bewegungsenergie" und machen mal einen Satz, um sich abzureagieren. Dieses Verhalten können Sie bessern, indem Sie das Pferd vor dem Ritt ein wenig frei herumtoben lassen oder es longieren. Das ist jedoch nur die zweitbeste Methode.

Die natürliche Methode

Sie können es auch einfacher haben: Ermöglichen Sie Ihrem Pferd mindestens ein paar Stunden freien

Die Pferde werden vielfältigen Reizen ausgesetzt, wenn sie auf der Weide stehen.

Auslauf auf der Weide – möglichst mit anderen Pferden zusammen. Am besten ist natürlich eine komplette Weidehaltung mit zugfreiem und trockenem Offenstall. Die Pferde trainieren sich dabei bis zu einem gewissen Grad selbst, bauen im Spiel angestaute Bewegungsenergie ab und sind beim Reiten ausgeglichener.

"Mein Pferd könnte von einem anderen verletzt werden" – wenden Sie ein? Der Einwand ist zwar berechtigt, denn Pferde gehen nicht besonders zartfühlend miteinander um. Die Gefahr, daß es mehr als ein paar Kratzer davonträgt ist jedoch normalerweise recht gering – schließlich hat es ja "Pferd" gelernt und weiß, wann es einem Ranghöheren aus dem Weg gehen muß. Nur in der Gewöhnungsphase – dann, wenn ein neues Pferd in eine bestehende Gruppe integriert werden soll oder wenn eine Gruppe komplett neu formiert wird und die Rangfolge nicht klar ist, kann es zu stärkeren Rangeleien kommen. Man sollte deswegen eine neue Gruppierung immer erst beobachten, um zu sehen, ob eins der Pferde die anderen zu sehr drangsaliert oder ob eins zum Prügelknaben wird. Pferde schließen sich oft paar-

weise zusammen. Enge Freundschaften entstehen dabei meist zwischen ähnlichen Pferden – zwei Schimmeln in einer Herde von Füchsen oder Braunen, zwei gleichaltrigen Pferden – manchmal aber auch zwischen zwei ganz unterschiedlichen, die beide Außenseiter unter den "Normalpferden" sind – das Shire-Horse mit dem Shetty im Schlepptau ist keine Seltenheit. Eine gerade Anzahl von Pferden auf der Weide verhindert, daß eins zum Außenseiter wird.

Fremde Pferde kann man erst einmal ein paar Tage auf die Nachbarweide stellen, so daß sie mit der bestehenden Herde nur über den Zaun Kontakt haben. Dabei können sich die Tiere aneinander gewöhnen, ohne daß etwas passieren kann.

Haben Sie nur kleine Ausläufe, so ist es sinnvoll, Pferde paarweise zusammenzustellen. Auf großen Weiden können viele Pferde stehen – denn dort haben die Rangniederen Platz genug, um auszuweichen, wenn sie von einem dominanten Pferd gejagt werden.

Natürlich besteht die Gefahr, daß sich ein Pferd auf der Weide verletzt oder von einem anderen getreten wird. Doch Ihr Pferd kann sich genauso vertreten, wenn Sie es frei auf dem Reitplatz laufen lassen, um Dampf abzulassen.

Gegenseitige Erziehung

Die Weidehaltung in Gesellschaft hat noch einen weiteren Vorteil: die Pferde bewegen sich nicht nur gegenseitig und miteinander, sie erziehen sich auch gegenseitig durch das Festlegen der Rangfolge in der Herde. Kleine Pferde-Rüpel werden schnell friedlich, wenn sie ein paarmal Prügel bezogen haben. Ihr Pferd kennt schließlich genau seine Stellung und seine Befugnisse in der Herde.

Sie als Mensch müssen da jedoch auch noch hineinpassen: Begeben Sie sich in eine funktionierende Herde hinein, so sollten Sie darauf achten, daß das ranghöchste Tier der Herde Sie respektiert. Nehmen Sie notfalls eine Gerte mit, um sich einen aufdringlichen Herdenboß vom Leibe zu halten und um ihn daran zu hindern, Ihnen das Pferd, welches Sie gerade eingefangen haben, wieder "abjagen" zu wollen. Merkt Ihr Pferd, daß sogar der Herdenchef vor Ihnen Respekt hat, so steigen Sie deutlich in seiner Achtung.

Um nicht Mittelpunkt eines allgemeinen Gerangels zu werden, sollten Sie nicht unbedingt mit einer Tasche voller Futter, einem Eimer oder einer Tüte auf die Weide kommen. Sie haben sonst vielleicht die ganze Herde auf dem Hals und werden sie nicht mehr los – schlimmstenfalls geraten Sie zwischen zwei Futterneider, die nicht unbedingt auf Sie Rücksicht nehmen.

Weidegang für Dauerfresser

Weidegang befriedigt noch ein drittes natürliches Bedürfnis des Pferdes – das nach kontinuierlicher Nahrungsaufnahme mit tiefem Kopf (Freßhaltung = Entspannungshaltung). Natürlich können die Pferde auch in der Box den ganzen Tag an Heu und Stroh herumknabbern. Doch die zunehmende Anzahl von Heu- und Strohallergikern unter den Pferden zeigt, daß der Staub, der in Heu und Stroh sitzt, dem Atmungsapparat der Pferde nicht besonders zuträglich ist.

Es reicht schon, wenn die Pferde im Winter auf das "Trockenfutter" angewiesen sind. Silage als Alternative zum Heu und Späne oder Hanf als Alternative zur Stroheinstreu ist sicher für viele Pferde sinnvoll, machen aber etwas mehr Arbeit. Bei nicht sachgemäß gelagerter und hergestellter Silage besteht zudem erhöhtes Kolikrisiko.

Neugier befriedigen – Angst natürlich bewältigen

Der vierte Vorteil des Weidegangs bzw. des Auslaufs ist, daß es für die Pferde auf der Weide immer etwas zu sehen gibt. Sie können ihre Neugier befriedigen, und alles, was ihnen "spanisch" vorkommt, vorsichtig und ohne Zwang begutachten. Autos und Traktoren, Flugzeuge, Fahrradfahrer, Spaziergänger mit Regenschirmen, knatternde Mofas – an all das gewöhnt sich Ihr Pferd auf der Weide von selbst. Sie können dabei noch nachhelfen, indem Sie seine Umgebung immer mal wieder mit einem "gefährlichen" Gegenstand, z.B. einer Plastikplane, einer flatternden Fahne oder einem aufgespannten Regenschirm bereichern. Sein Nervenkostüm wird dadurch deutlich stabiler; ein dicker Pluspunkt für Sie als Reiter – ohne daß Sie Zeit und Geduld für diesen Ausbildungsabschnitt aufwenden mußten. Bei den Angstbewältigungsübungen (siehe dort) werden sich solche Tricks erleichternd auswirken.

Hautpflege

Das Bedürfnis der Hautpflege ist bei den Pferden sehr ausgeprägt. Die Reizung der Haut durch das Wälzen – vor allem im Sand – spielt dabei neben der sozialen Fell- pflege eine bedeutende Rolle. Die Hautaktivität wird angeregt, was zum effektiven Schutz des Pferdes gegen Hitze und Kälte beiträgt. Ein verschwitztes Pferd wälzt sich gern, um die verklebten Haare zu lockern, ein nasses Pferd, um schneller trocken zu werden. (Das Wälzen nach dem Reiten sollte man den Pferden deswegen auf jeden Fall ermöglichen.) Das Abreiben mit Stroh hat eine ähnliche Wirkung, macht jedoch viel mehr Arbeit.

Robusthaltung

Abschließend ein Wort zur Tauglichkeit verschiedener Rassen für die Weidehaltung mit Offenstall auch im Winter. Es ist ein weit verbreiteter Irrtum, zu denken, nur nordische Rassen wie Norweger, Connemara oder andere "robuste" Pferde seien

Weide auch im Winter.

für eine Robusthaltung geeignet. Prinzipiell kann jedes Pferd, auch der Wüstenaraber, im Winter im Offenstall gehalten werden, solange bestimmte Grundvoraussetzungen erfüllt sind.

Die wichtigsten Punkte sind:

1. Der Stall muß einen trockenen, weichen Boden im "Liegebereich" haben und dort auch zugluftgeschützt sein.

2. Ein breites Vordach und ein Eingang auf der wetterabgewandten Seite (evtl. mit senkrechter Windschutzwand etwa 2 m vor dem Eingang) sollte verhindern, daß bei starkem Regen der Innenbereich durchnäßt wird.

3. Zwei getrennte Eingänge verhindern, daß ein dominantes Pferd den Eingang blockiert und die anderen nicht hineinläßt.

4. Schmale Einzel-Freßstände, in die immer gerade nur ein Pferd hineinpaßt, verhindern, daß ein ranghoher "Schnellfresser" den anderen das im Winter nötige zusätzliche Kraftfutter wegfrißt.

5. Die Umstellung auf Offenstall und die Gewöhnung der Bewohner des Offenstalles muß vor dem Herbst erfolgen, damit die Pferde genug Winterfell ausbilden und nicht ein rangniederes Pferd "ausgesperrt" wird. Ein Pferd aus einem warmen Innenstall mitten im Winter in den kalten Offenstall umzuquartieren, funktioniert nicht.

6. Reiten Sie Offenstall-Pferde im Winter möglichst nicht naß.

Wie funktioniert ein Pferd?

Anatomie und

Psychologie.

Nicht nur Umgang und

Haltung sollten artgerecht

sein – der Reiter mit

Ambitionen in natürlicher

Ausbildung sollte sich auch

die Grundlagen in

Psychologie und Anatomie

eines Pferdes einverleiben,

um sie für seine Reiterei

zu nutzen.

Wie funktioniert ein Pferd?

Reiten auf der Basis von anatomi-schem und psychologischem Grund-wissen erleichtert Ihnen die Arbeit, macht Ihr Pferd "bequemer" und schützt Sie vor den meisten bösen Überraschungen. Vor allem be-kommt eine Ausbildung auf artge-rechten, natürlichen Grundlagen dem Pferd besser: natürliches Ver-halten wird dabei nicht unterdrückt, sondern genutzt und in die "richti-gen" Bahnen gelenkt. Reiter und Pferd arbeiten dann nicht gegenein-ander, sondern miteinander.

ANATOMIE

Anatomisches Grundwissen

Wenn Sie als Reiter gerade an einem Punkt angelangt sind, an dem "nichts mehr geht" und das Pferd einfach nicht das macht, was es soll, so schimpfen Sie nicht auf das Pferd – oft ist es gar nicht der Übeltäter. Manchmal versteht es Sie nicht – aber noch viel öfter hat es einfach körperliche Probleme mit Ihnen. Denken Sie einmal nach – vielleicht bringen Sie Ihr Pferd aus dem

Gleichgewicht oder Sie machen ihm die Lektion, die Sie gerade von ihm fordern, nicht "schmackhaft", sprich einfach genug.

Eine völlig einheitliche Hilfengebung gibt es seit der Aufsplittung in diver-se Reitstile nicht mehr. Von klassisch über western, iberisch bis hin zur leichten Reitweise und den von vie-len Ausbildern kreierten "neuen, eigenen" Stilen kann jeder etwas Passendes finden. (Man sollte jedoch bedenken, daß die innovati-ven "eigenen Stile" meist nur eine Neukombination aus verschiedenen bewährten Reitweisen darstellen).

Dieses Phänomen ist auf der einen Seite zu begrüßen, weil es über-kommene Traditionen in Frage stellt. Reiterausbildung mit militäri-schem Drill ohne ausreichende Erklärungen sollte beispielsweise ausgedient haben. So mancher Ausbildungsstall mit erfreulicheren Methoden belegt diese These, doch ausgestorben sind das belieb-te Abteilungsreiten im Gänse-marsch oder "Reitlehrer", die sich in ihren Korrekturen auf die Kommandos der Bahnfiguren beschränken, beileibe nicht (der Kostenfaktor bei Einzelunterricht auf gut ausgebildeten Pferden ist natürlich in hohem Maße dafür mitverantwortlich).

Auf der anderen Seite läßt die Vielfalt der Ausbildungsmöglichkei-ten viele Neulinge (und nicht nur die) ganz schön verwirrt "im Regen stehen". Jeder, den sie fragen, sagt

Schonendes Reiten am losen Zügel – die Oberlinie des Pferdes "stimmt".

ihnen etwas anderes. Viele der lang und breit erörterten Unterschiede in der Handhabung einer bestimmten Hilfe oder Hilfenkombination sind in Wahrheit gar keine richtigen Unterschiede, sondern nur leichte Abweichungen. Mißverständnisse im Verständnis einer Lehre und oft auch völlige Unkenntnis der "anderen" tragen jedoch zu den erbitterten Diskussionen bei, die z.B. oft zwischen Westernreitern und klassisch orientierten Reitern entbrennen. Versteht jemand von beiden Reitweisen etwas, so weiß er, daß das Westernreiten prinzipiell aus der iberischen – also klassischen – Reitweise entstanden ist und dann Richtung Arbeitsreitweise modifiziert und vereinfacht wurde. Genauso könnte man das Westernreiten auch wieder in Richtung der klassischen Reitweise modifizieren – und nur übernehmen, was diese Reitweise an Vereinfachungen und "Tricks" zu bieten hat.

Für alle Reitweisen – und damit sind wir beim Thema – gibt es jedoch ein Grundgerüst, das sich auf die anatomischen Gegebenheiten beim Pferd – und beim Reiter – stützt.
Gegen diese anatomischen Grundlagen zu reiten führt auf Dauer zu Schäden (durch falsche Belastung) vor allem beim Pferd – aber oft auch beim Reiter. Auf jeden Fall aber macht es das Reiten unbequem und arbeitsin-

tensiv für beide Beteiligten (Pferd und Mensch). Eine Vereinfachung der Hilfen und die Nutzung von natürlichen Gegebenheiten wie bei den Arbeitsreitweisen ist also angesagt, wenn man's bequem (und trotzdem pferdeschonend) haben will. Das schnelle "Einbrechen" von jungen Pferden oder auch wilden Mustangs, wie in Zeiten des frühen wilden Westens ist jedoch auf keinen Fall unser Ziel. Die Finessen der altkalifornischen Reiterei mit ihrer schonenden (aber auch langwierigen) Ausbildung des Pferdes sollte eher unsere Zielrichtung sein. Dabei wird das "Signalreiten" mit antrainierten Reflexen auf pferdegerechte Weise betrieben.

In diesem Kapitel wollen wir uns mit der Anatomie des Pferdes (und soweit nötig des Reiters) beschäftigen. Herauskommen soll dabei eine Methode der Hilfengebung, die möglichst einfach und effektiv die Kontrolle des Pferdes ermöglicht, ohne Schäden zu verursachen. In enger Wechselbeziehung steht natürlich die Psyche des Pferdes (und des Reiters) zur Anatomie. Die psychischen Aspekte werden jedoch auf ein weiteres Kapitel "vertagt".

Beginnen wir also mit einem Schwachpunkt im anatomischen Gerüst des Pferdes, der oft die Wurzel allen reiterlichen Übels darstellt: dem Rücken.

Der Rücken des Pferdes.

oben: So kann das Pferd schadenfrei Gewicht tragen.
unten: So schadet das Reitergewicht.

Der Rücken des Pferdes

Das Pferd ist ein Tier mit empfindlichem Rücken. Prinzipiell ist der Pferde-Rücken nicht dazu gedacht, schwere Lasten zu tragen. Durch vernünftiges Training kann jedoch die Muskulatur des Rückens so weit gekräftigt werden, daß er das Gewicht des Reiters samt Sattel schadensfrei tragen kann. Der Muskelaufbau im Pferderücken kann natürlich, wie auch bei einem menschlichen Sportler, nicht innerhalb von ein paar Tagen erfolgen – Gut Ding braucht eben seine Zeit.

Junge und untrainierte Pferde werden tief eingestellt, um die Rückenmuskulatur aufzubauen – der Reiter kann bequem sitzen und das Pferd entspannt gehen.

Was geht überhaupt im Rücken des – untrainierten – Pferdes vor sich, wenn ein Reiter es sich darauf bequem macht?

Ganz einfach, er hängt nach unten durch – die Wirbelsäule des Pferdes bekommt dort eine leichte Beule nach unten, wo das Gewicht des Reiters nach unten drückt. Das führt dazu, daß sich die Wirbel in dieser Beule oben etwas zusammenschieben und unten etwas auseinanderklaffen. Bleibt die Rückenmuskulatur des Pferdes untrainiert, so führt dies auf Dauer zu Rückenproblemen wie z.B. schmerzhaften Verspannungen und schließlich zu Schäden

an der Wirbelsäule, da die Dornfortsätze der Wirbel aneinander reiben können, was zu Entzündungen und Knochenauftreibungen, den "küssenden Wirbeln", führt (bei denen in schlimmen Fällen sogar die Dornfortsätze zusammenwachsen).

Abhilfe kann nur ein systematischer Muskelaufbau schaffen, so daß das Pferd den Reiter über die Muskeln trägt, nicht über die Knochen. Die Muskeln müssen verhindern, daß die Wirbelsäule nach unten durchhängt. An dieser Stützprozedur sind jedoch nicht isoliert nur die Muskeln im Rückenbereich beteiligt, sondern

die ganze "Oberlinie" des Pferdes mit Nackenband und Rückenmuskeln sowie den Muskeln der Hinterhand und auch den Bauchmuskeln, die helfen, die Dehnungshaltung, den „Spannungsbogen" (siehe nächste Abschnitte) zu erreichen.

Bodybuilding fürs Pferd

Muskelaufbau für schadenfreies Reiten.

Durch Arbeit mit dem Pferd am Boden, an der Longe und schließlich unter dem Sattel soll es lernen, den

Auch bei diesem Sliding-Stop, der Parade-Übung der Westernreiter, bleibt die runde Rückenlinie erhalten.

Kopf zu senken und mit der Hinterhand weit unter sich zu treten (Dehnungshaltung). Es macht dabei einen nach oben runden Rücken – genauso wie ein Mensch, der eine schwere Last immer vornübergeneigt mit einem runden Rücken trägt. (Andernfalls würde ihm die Last schmerzhaft "im Kreuz hängen", ihn nach hinten überziehen und aus dem Gleichgewicht bringen.) Das können Sie selbst gut ausprobieren, wenn Sie einen Rucksack aufsetzen und Sie jemand daran nach hinten zieht; 15- 20 kg sollte der Rucksack schon haben – dann haben Sie etwa das gleiche Gewichtsverhältnis wie bei Reiter und Pferd.

Dieser "Spannungsbogen", der am Genick des Pferdes beginnt, sich über den Rücken fortsetzt und an den Kreuzwirbeln endet, sollte gleichmäßig rund sein – weist er irgendwo einen Knick auf, so deutet das immer auf eine Schwachstelle hin. Ein falscher Knick hinter dem Genick im zweiten oder dritten Halswirbel oder eine nach hinten herausgestellte Hinterhand sind solche Bruchstellen im Spannungsbogen. Für die Hilfengebung bedeutet das, daß an diesem Knick eine Hilfe oft "steckenbleibt" (dazu später mehr), für das Pferd bedeutet es eine zukünftig schmerzende Stelle.

Je länger die Rückenmuskulatur durch Boden- und Longenarbeit in Richtung dieses Spannungsbogens aufgebaut wird, desto leichter fällt dem Pferd das spätere Tragen des Reiters.

2 - 4 Monate Anlongieren sind jedoch leider nicht jedermanns Sache. Viele Reiter wollen ihre jungen Pferde viel zu schnell (und zu lange) reiten – und richten damit Schaden im Rücken an. Ganz abgesehen davon, daß ein Pferd mit einem verspannten Rücken äußerst hart und unbequem zu sitzen ist.

(Und wir wollen uns doch als Reiter - nach dem Faulheitsprinzip – die Sache so bequem wie möglich machen.)

Aber auch falsches Longieren kann schaden statt nützen, wenn das Pferd nämlich nicht über den Rücken geht – das heißt, ihn nach unten wegdrückt, statt nach oben zu wölben. Es hebt dabei Kopf und Hals, "guckt Löcher in die Luft" und läßt die Hinterbeine nachschleppen. An der Longe wird dieser Fehler vor allem bei Pferden auftreten, die

1. Gebäudefehler haben, z.B. hinten überbaut sind, eine steile Schulter oder einen starken Unterhals haben,

2. sehr steif sind und Probleme haben, gebogen auf einem Zirkel zu laufen (später noch mehr zur Biegung),

3. Angst haben und den Kopf in fluchtbereiter Alarmstellung (also hoch) tragen,

4. unaufmerksam sind und sich nicht für die Wünsche des Menschen interessieren, weil der es noch nicht geschafft hat, sich selbst in den Mittelpunkt der Aufmerksamkeit seines Pferdes zu stellen (siehe auch Umgang).

Bei Punkt 1 und 2 können Hilfszügel sinnvoll sein. Die Punkte 3 und 4 sind durch respektfördernde und vertrauensbildende Übungen, die im Kapitel "Umgang" beschrieben sind, manchmal besser in den Griff zu bekommen.

Dominanz- und Vertrauenstraining an der Hand und gymnastizierende Longenarbeit mit Muskelaufbau sowie schließlich das Reiten selbst gehen normalerweise immer Hand in Hand und sind nicht völlig getrennt zu handhaben.

Das Ergebnis der kombinierten Arbeit ist ein entspanntes, bequemes, "sicheres" Pferd, welches seinem Reiter vertraut und ihn nicht in Schwierigkeiten bringt – das ideale Arbeitspferd also.

BALANCE

Kommen wir zu einem weiteren wesentlichen Punkt in der Pferdeanatomie, dem Gleichgewicht. Die Gleichgewichtsprobleme des Pferdes sind gleichzeitig die Chance für natürliches Reiten und die Minimierung der Hilfen, wie Sie im Folgenden lesen werden.

Ein Pferd hat manchmal seine liebe Not mit der Balance in Trab und Galopp. Sie glauben das nicht, wenn Sie sehen, wie sicher sich Pferde auf der Weide in allen Gangarten bewegen, wie schnell sie stoppen können oder sich im Spiel auf der Hinterhand herumwerfen? Tun sie auch – ohne reiterliches Zusatzgewicht. So ein Reiter kann jedoch einen gewichtigen Grund für Balanceprobleme darstellen. Je weniger der Reiter selbst im Gleichgewicht und je schwerer er ist, umso mehr.

Das instabilere Gleichgewicht des Pferdes mit einem Reiter auf dem Rücken birgt jedoch sowohl Probleme als auch Chancen für den Reiter.

Probleme für denjenigen Reiter, der selbst noch unsicher ist. Sein Gewicht stellt eine "träge Masse" dar, die den Bewegungen des Pferdes noch nicht folgen kann. Er kippt unkoordiniert nach vorne, nach hinten oder zur Seite und bringt so das Pferd in Schwierigkeiten. Ein altes Pferd, welches gelernt hat, mit dem Reiter-Gewicht fertigzuwerden, kann das ausgleichen und einem solchen Reiter beibringen, was es bedeutet, im Schwerpunkt zu sitzen, d.h. seinen eigenen Schwerpunkt über den des Pferdes zu bringen. Ein junges, unerfahrenes Pferd jedoch kommt mit einem schwankenden Reiter völlig aus dem Konzept und hat in schnelleren Gangarten regelrecht Angst, umzufallen. Das äußert sich darin, daß es entweder nicht vorwärtsgehen will oder daß es im Gegenteil sogar rennt wie der Teufel, um seinem Gleichgewichtsproblem davonzulaufen; es versucht, seine Hufe durch schnelleres Auffußen schnell wieder auf festen Boden zu bekommen. Besonders im Galopp mit seiner Einbeinstütze und seiner Schwebephase tritt dieses Problem verstärkt auf.

Für den sicher sitzenden Reiter mit guter Balance birgt jedoch das instabile Gleichgewicht besonders des jungen Pferdes eine gute Chance, es mit Gewichtsverlagerung (= Schwerpunktverlagerung) dazu zu bringen, eine bestimmte Richtung einzuschlagen und ein bestimmtes Tempo beizubehalten.

GEWICHT

Die Ausbildung des Westernpferdes gründet sich zum überwiegenden Teil auf das eigentlich sehr einfache Prinzip der gezielten Gewichtsverlagerung des Reiters, der das Pferd folgt, um sein eigenes Gleichgewicht zu wahren. Damit, daß der Reiter seinen eigenen Schwerpunkt seitlich von dem des Pferdes wegbewegt, kann er es lenken: Will er nach rechts, legt er sein Gewicht nach rechts, will er nach links, belastet er die linke Seite des Pferdes stärker. Neigt er seinen Oberkörper nach vorne, folgt das Pferd nach vorne, tritt an oder wird schneller. Legt er den Oberkörper leicht nach hinten, wird es langsamer, hält an oder geht rückwärts.

Natürlich arbeiten alle Reitweisen mit Gewichtsverlagerung – je nach Methode werden aber schon sehr früh vermehrt Zügel- und Schenkelhilfen eingesetzt – bei der westerntypischen Hilfengebung läßt man sich jedoch oft etwas mehr Zeit damit und versucht, die Pferde erst einmal eine Weile weitgehend mit Ge-

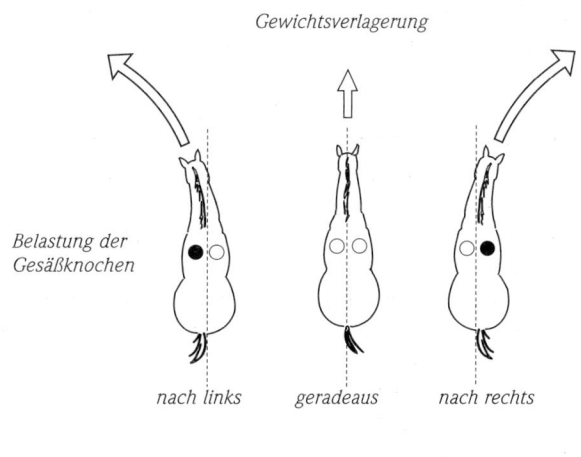

Gewichtsverlagerung

Belastung der Gesäßknochen

nach links   geradeaus   nach rechts

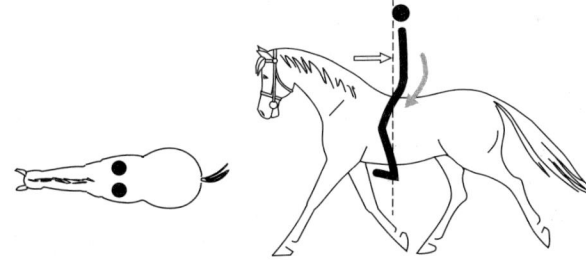

Verhaltende Gewichts-/Kreuzhilfe – im Extremfall der "Eichhörnchenbuckel" beim Stop – Rippen und Beckenknochen nähern sich einander.

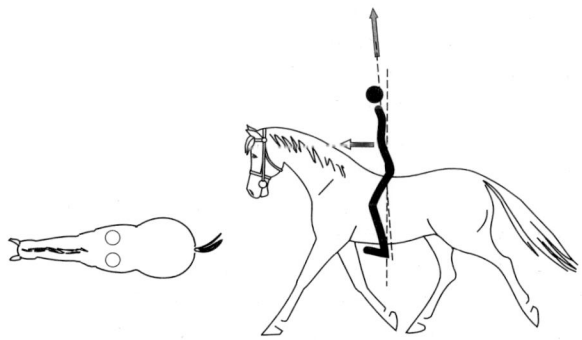

Vorneigen des Gewichts zum Vorwärtsreiten.

wichtshilfen (und Stimme) zu reiten. Das Prinzip ist verblüffend einfach und funktioniert gut, wenn – ja wenn der Reiter sein Pferd dabei nicht unbeabsichtigt stört, indem er selbst aus der Balance kommt oder sich aus bewußten oder unbewußten Angstreaktionen heraus im Sattel verspannt. Und wenn das Pferd nicht schon für die Gewichtshilfen verdorben ist, wie es bei manchen älteren, durch falsche Behandlung abgestumpften Pferden vorkommt. Reiter, die nicht im Schwerpunkt sitzen, können nämlich ein Pferd dazu bringen, sich gegen die Gewichtshilfen zu stemmen. Das passiert häufig, wenn ein Reiter dauernd schief sitzt, sein Pferd aber mit Hilfe der Zügel- und Schenkelhilfen trotzdem geradeaus reitet. Sitzt er immer schief nach rechts, so wird sich das Pferd an diese Schiefe gewöhnen und auf eine Gewichtsverlagerung nach rechts nicht mehr reagieren – im schlimmsten Fall wird es rechts eine deutliche Steifheit ausbilden, weil es ja dort immer dem schiefen Reiter entgegenwirken muß.

Locker und aufrecht

Locker und aufrecht (senkrecht) bleiben ist also die Devise für den Reiter, wenn er nichts bestimmtes von seinem Pferd will – nur dann bleibt auch das Pferd locker. Kleine Buckler oder Stolperer des Pferdes müssen lächelnd ausgesessen werden können, ohne daß sich der Reiter dabei verkrampft und am Zügel Halt sucht. Diese kurze Verspannung bringt nämlich ihn und damit auch gleich das Pferd aus dem Rhythmus (und gleich darauf aus der Balance).

Sinnvoll ist es, die ersten Reitversuche – das Anreiten – im Roundpen zu machen und dabei keine Trense, sondern nur ein Halfter zu benutzen: Das Pferd kann dabei nicht in

Rinderarbeit ist Balance von Pferd und Reiter in Vollendung.

einer Ecke "steckenbleiben" oder dem Reiter, wie auf einem großen Reitplatz, schlecht kontrollierbar davonlaufen; der Reiter kommt nicht in die Verlegenheit, dem Pferd im Maul herumzuziehen und damit sein empfindliches Gleichgewicht zu stören.

Bitte nicht stören —

– und wenn, dann mit Absicht. Wie der Reiter im Gleichgewicht sitzt und unnötige Spannungen vermeidet und wie er seinen Schwerpunkt verlagert, um das Pferd zu einer Reaktion zu veranlassen (Gewichtshilfen).

Eine gezielte Schwerpunktverlagerung ist nur möglich, wenn der Reiter im Normalfall, also, wenn er nichts Spezielles von seinem Pferd will, gerade und aufrecht (d.h. in der Senkrechten) sitzt und passiv bleibt.
Er sollte die Bewegungen seines Pferdes locker aussitzen können, ohne daß jemals der Kontakt zwischen Sattel und Gesäß verlorengeht. Die Betonung liegt auf locker, denn jede unnötige Spannung in einem Körperteil des Reiters wirkt sich auf die Beweglichkeit und die natürliche Federwirkung der Wirbelsäule aus, die nötig ist, um die Bewegungen des Pferderückens aufzunehmen, ohne den Kontakt mit dem Sattel (also dem Pferderücken) zu verlieren.

Locker und aufrecht in der Balance sitzen.

Unnötige Spannung im Sitz

Was aber ist unnötige Spannung? Eine ganz schwierige Frage, denn völlig ohne "rhythmische" Muskelspannung funktioniert das Sitzen auf dem Pferderücken nicht. Rhythmische Spannung bedeutet den Wechsel zwischen Spannung und Entspannung im Rhythmus der Pferdebewegung. Wichtig dabei ist die Entspannung – die Spannung kommt von allein. Lassen Sie sich als Reiter schwer und tief "ins Pferd hineinsinken" (Entspannung), um im nächsten Moment wieder nach oben zu wachsen (Spannung). Lassen Sie Ihre Beine schwer werden, als ob Gewichte daran ziehen.

Galopp im Gleichgewicht.

Mit den dabei ständig angespannten Oberschenkelmuskeln (Adduktoren an der Innenseite der Oberschenkel) hebeln Sie sich dann immer weiter aus dem lockeren Sitz im Sattel heraus.

Unnötige Spannung in der Hand

Ähnliches gilt für die Hände: Das feste Schließen der Hände zur Faust – z.B. wenn der Reiter zu lange am Zügel zieht – verspannt den ganzen Arm bis hin zur Schulter und wirkt sich über die verspannte Schulter auch auf die Beweglichkeit Ihrer Wirbelsäule im oberen Bereich aus. Das bedeutet für "richtige" Zügelhilfen: kurze Spannung beim Annehmen eines Zügels – mit anschließender sofortiger Entspannung (Loslassen des Zügels). Halten Sie Ihre Finger beweglich – "spielen" Sie mit den Händen, indem Sie kleinen Finger und Ringfinger immer wieder für ein klitzekleines Zügelsignal bewegen. Beachten Sie aber dabei, daß die Zügelsignale keinen regelmäßigen Rhythmus bekommen (also nicht abwechselnd rechts - links riegeln, so daß das Pferd dauernd von rechts nach links mit dem Kopf pendelt). Mit minimalen, unregelmäßigen Zügelsignalen (am mehr oder weniger losen Zügel) dagegen halten Sie das Pferd aufmerksam, sein Maul und sein Genick beweglich und Ihre Arme

Lassen Sie Ihre Oberarme locker aus der Schulter fallen und tragen Sie die Hände mit entspannten Fingern vor sich her.

Unnötige Spannung entsteht oft durch Angst – der Reiter hat Angst, die Balance zu verlieren und herunterzufallen – er versucht dann, sich

mit den Knien festzuhalten. Kurzfristig die Knie an den Sattel zu drücken ist kein Fehler, sondern unterstützt eine Gewichtshilfe (nämlich die des Kreuz-Anspannens). Fehlerhaft wird dieser Kniedruck nur dann, wenn keine Entspannungsphase folgt, das Knie also dauernd an den Sattel gepreßt wird.

locker. (Sie können die Zügelsignale am losen Zügel auch aus dem lockeren Ellbogen geben – zupfen Sie leicht und lassen Sie wieder los. Je weiter die Feinabstimmung zwischen Ihnen und Ihrem Pferd jedoch fortschreitet, um so weniger Bewegung brauchen Sie im Arm, um ein Zügelsignal zu geben.)

Aus den beiden obigen Beispielen ergibt sich nun, was unnötige Spannung bedeutet – nämlich immer eine zu lange und zu feste Anspannung Ihrer Muskeln ohne die nachfolgende Entspannungsphase.

Wie bei fast allen Dingen aus dem Bereich Reiten und Umgang mit Pferden gilt auch hier:

Soviel wie nötig, sowenig wie möglich.

Das bedeutet, soviel Spannung wie nötig aufbauen (um eine Reaktion oder ein Ergebnis zu erzielen), dabei aber immer bestrebt sein, die nötige Spannung zu reduzieren und auf einen möglichst kurzen Zeitraum zu beschränken. Und die Entspannung nicht vergessen!

In der aufrechten, passiven Ausgangsposition für alle Gewichtshilfen ist außerdem Folgendes zu beachten: Die Gesäßknochen müssen gleichstark belastet werden, die Beine gleichlang herunterhängen –

Schultern, Hüften und Knie des Reiters befinden sich jeweils auf einer waagrechten Linie. Der Kopf wird aufrecht getragen, die Augen blicken geradeaus. Nur aus dieser geraden Ausgangsposition des Reiters heraus spürt das Pferd auch eine gezielte Abweichung von diesen geraden Linien und kann "auf Gewicht reagieren".

Gewichtshilfen sparsam einsetzen

Ein zu weites (und manchmal auch ein zu langes) seitliches Herüberneigen des Oberkörpers, ein Zurückwerfen oder ein zu weites Vornüberhängen sind unnötig, unschön und bringen das Pferd unter

Umständen mehr als beabsichtigt aus der Balance, so daß es dem Gewicht nicht folgt, sondern sich dagegen wehrt.

Unter dem Aspekt, soviel wie nötig, sowenig wie möglich, reicht für die seitliche Gewichtsverlagerung ein leichtes Austreten des Bügels. Bei sehr fein eingestellten Pferden genügt eine Kopfdrehung des Reiters (er muß nur in die Richtung schauen, in die er reiten will). Beides bringt Gewicht auf den gleichseitigen Gesäßknochen des Reiters und veranlaßt das Pferd, "unter das Gewicht des Reiters zu laufen".
Belasten Sie z.B. durch eine Drehung des Kopfes nach rechts den rechten Gesäßknochen etwas stärker, dann

Gewicht extrem weit hinten, Belastung des inneren Steigbügels (und damit des inneren Gesäßknochens) beim Ansatz zum Spin. Die Hinterhand soll die Hauptlast aufnehmen.

In schnelleren Gangarten wirkt auf gebogenen Linien die Zentrifugalkraft – der Reiter muß sich also „in die Kurve legen".

läuft das Pferd nach rechts, weil es versucht, seinen eigenen Schwerpunkt wieder unter Ihren zu bringen, um sein Gleichgewicht zu erhalten. Reagiert es nicht auf die Kopfdrehung, so können Sie den Bügel rechts etwas stärker austreten – achten Sie jedoch darauf, nicht in der Hüfte einzuknicken (damit kommt Ihr Gewicht genau auf die andere Seite – nämlich nach links). Konzentrieren Sie sich darauf, welchen Gesäßknochen Sie stärker spüren. Neigen Sie den Oberkörper sehr stark und sehr lange nach

rechts, so ist die Gefahr, daß Sie in der Hüfte einknicken, größer. Selbst, wenn das nicht passiert, kann ein Pferd dadurch dazu veranlaßt werden, sich gegen Ihr Gewicht zu stemmen oder ihm in die andere Richtung auszuweichen, weil es ihm kaum gelingt, so schnell und so weit unter Ihr Gewicht (unter Ihren Schwerpunkt) zu laufen. (Bei Pferden, die schon weiter in ihrer Ausbildung fortgeschritten sind, können Sie Gewichtshilfen länger geben.)

Wollen Sie langsamer werden – egal in welcher Gangart, nehmen Sie Ihr Gewicht nach hinten, belasten also die Hinterhand des Pferdes etwas stärker. Das Pferd folgt Ihnen im Idealfall dadurch, daß es seinen Schwerpunkt auch nach hinten verlegt. Dazu muß es jedoch mit den Hinterbeinen mehr Gewicht aufnehmen (die Hinterhand muß vermehrt tragen, die Vorhand sollte entlastet werden), was für das Pferd wiederum anstrengend ist. Junge Pferde sind oft noch etwas "kopflastig" und haben noch Schwierigkeiten mit der Tragkraft der Hinterhand – deswegen kann es nötig sein, die Gewichtshilfe mit einem Zügelsignal (einem kurzen Annehmen) zu unterstützen (dazu mehr in den nächsten Abschnitten).

Was passiert nun, wenn der Reiter den Oberkörper nach hinten neigt? Sein eigener Schwerpunkt verlagert

sich nach hinten, und der Druck auf den hinteren Teil des Sattels und damit auf den Pferderücken verstärkt sich. Der verstärkte Druck auf den Pferderücken blockiert bis zu einem gewissen Grad dessen Beweglichkeit, das lockere Auf- und Abschwingen, und führt zusätzlich zu einer Verlangsamung des Tempos durch diese Blockade. Neigt der Reiter den Oberkörper sehr stark nach hinten, so kommt zwar sein Schwerpunkt weiter nach hinten, der Druck auf den Rücken des Pferdes wird jedoch schwächer, da durch ein weites Hintenüberneigen der Druck der Gesäßknochen wirkungslos nach vorne, Richtung Sattelhorn/Vorderzwiesel verpufft. Dieser Mechanismus wird noch verstärkt, wenn der Reiter dabei seine Beine nach vorne streckt.

Andererseits wird der blockierende Druck auf den Pferderücken dann verstärkt, wenn der Reiter im Sattel zusammensackt, die Hüfte vorschiebt und einen Eichhörnchen-Buckel macht. Dabei nähern sich sein Becken und seine Rippen einander, der Oberkörper kommt jedoch nicht nach hinten, sondern fällt nur in sich zusammen – die Federwirkung der menschlichen Wirbelsäule wird mit dem Zusammenfallen auf Null reduziert. Diese "schwere Blockade" wird jedoch hauptsächlich benutzt, wenn man sein Pferd anhalten will – also für den Stop.

Der Stop zeigt die blockierende Kreuzhilfe in seiner ausgeprägtesten Form.

Für ein Abbremsen des empfindlichen, gut gerittenen Pferdes reicht es oft, wenn der Reiter sich entspannt und sich einfach nach unten sinken läßt.

Aus den Erklärungen sollte nun hervorgehen, daß ein weites Hintenüberneigen des Oberkörpers keine bessere Wirkung hat als eine moderate – beim gut gerittenen Pferd nur noch minimale – Gewichtsverlagerung. Zudem sieht es unschön aus.

Ähnlich verhält es sich mit dem Vorneigen des Oberkörpers zur Tempoverstärkung. Eine leichte – beim fein gerittenen Pferd eine minimale – Verlagerung nach vorne reicht. Hängen Sie Ihrem Pferd zu sehr auf der Schulter, so belastet es die Vorhand zu stark und wird vermehrt kopflastig. Besonders, wenn Sie Ihr Pferd angaloppieren wollen, ist es auf Dauer nicht sinnvoll, mit dem Oberkörper zu sehr nach vorne zu fallen. Es "fällt" nämlich dann genauso nach vorne – nämlich in den Galopp hinein: Erstens kommt es dabei zu stark auf die Vorhand und zweitens wird es oft zu schnell, weil es seinem und dem Schwerpunkt des Reiters eilig hinterherläuft.

Will man jedoch leichttraben oder leichten Sitz reiten, ist der Sitz automatisch etwas mehr vorwärtsorientiert – er hat dann aber auch den Sinn, die Dehnungshaltung des Pferdes vorwärts-abwärts zu unterstützen und den Rücken möglichst frei zu lassen, um jeder Verspannungsmöglichkeit entgegenzuwirken.

Nun gibt es besonders bei den Westernreitern viele, die ausnahmslos alle Gangarten und Tempi einfach "aussitzen". Dazu muß das Pferd jedoch langsam genug sein – d.h., es darf nicht versuchen, der Belastung auf seinem Rücken davonzulaufen. Tut es das, weil seine Rückenmuskulatur noch nicht oder falsch ausgebildet ist, so ist ein Entlastungssitz vonnöten – auch wenn das nicht so lässig und cool aussieht, wie mancher Westernreiter gern möchte. Will man eine Prioritätenliste aufstellen, so soll sie folgendermaßen aussehen:

Der entspannte Rücken des Pferdes mit Ausbildung des Spannungsbogens, der runden Oberlinie, hat oberste Priorität. Erst danach kommt die auch sehr wichtige vermehrte Belastung der Hinterhand und die Entlastung der Vorhand – womit wir beim nächsten Thema wären:

Die Hinterhand des Pferdes arbeiten lassen

Warum soll überhaupt die Hinterhand des Pferdes mehr arbeiten als die Vorhand?

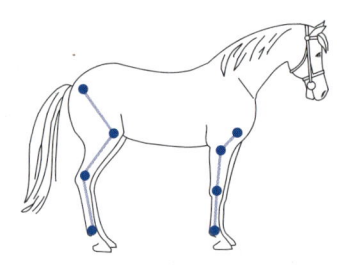

Die Federwirkung der Hanken durch die Entwicklung der Tragkraft der Hinterhand.

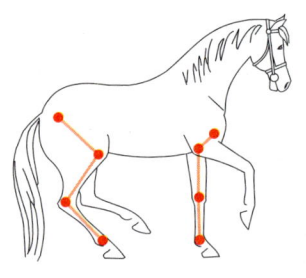

Zu dieser Frage sollten Sie sich als Reiter drei Dinge vergegenwärtigen.
1. Das Pferd ist von Natur aus leicht kopflastig. Die Vorhand hat bei einem unbelastet stehenden Pferd durch das Gewicht von Hals und Kopf etwas mehr zu tragen als die Hinterhand.
2. Der Reiter sitzt durch die weit vorne angesetzte Sattellage auch noch vermehrt im vorderen Bereich des Pferderückens, verstärkt also durch seine Position die Kopflastigkeit.
3. Die Vorhand kann Belastungen kaum abfedern – sie hat durch die senkrechte Anordnung ihrer Knochen übereinander hauptsächlich stützende Funktion. Die Hinterhand dagegen ist in der Lage, durch stärkeres Winkeln von Sprunggelenk, Knie und Hüfte (= Hanken), in den Muskelgruppen um diese Gelenke Bewegungsenergie aufzunehmen. Sie wirkt dadurch wie eine Sprungfeder – wenn der Reiter in der Lage ist, diese Winkelung in den Hanken durch richtige Hilfen hervorzubringen.

Schub- und Tragkraft

Die Hinterhand kann prinzipiell zwei verschieden gerichtete Bewegungen ausführen:
Sie kann vorrangig Schub nach vorne entwickeln. Dazu müssen die Hanken nicht besonders gewinkelt werden – das Bein kann aus der

Hüfte vorgeschwungen werden. Galopper und Traber im Renntempo arbeiten so mit der Hinterhand. Dabei hat die Vorhand sehr viel Bewegungsenergie abzufangen. Das Pferd und der Reiter haben ihren Schwerpunkt weit vorne.

Die Hinterhand kann aber auch vermehrt tragen – das heißt, sie tritt stärker unter den Schwerpunkt von Pferd und Reiter und entwickelt dabei nicht nur Schub nach vorne, sondern auch Schwung nach oben (durch die Federwirkung in den Hanken). Dabei nimmt sie Belastung von der Vorhand weg, der Schwerpunkt des Pferdes kommt weiter nach hinten, der schon beschriebene "Spannungsbogen" wird enger – das Pferd schiebt sich zusammen.

Warum das Pferd mit der Hinterhand arbeiten sollte, liegt klar auf der Hand:
1. Es entlastet seine Vorhand. Überlastungsschäden an Sehnen und Gelenken werden vermieden.
2. Es wird beweglicher und wendiger.
Die Verlagerung des Schwerpunktes nach hinten läßt die Vorhand "leicht" werden. Das Pferd ist immer weniger auf deren Stützfunktion angewiesen, je mehr es sein Gewicht und das seines Reiters mit der Hinterhand aufnehmen kann.
Rasante Wendungen, wie Roll back, Spin und der spektakuläre Sliding

Stop sind nur mit einem Pferd auszuführen, welches gelernt hat, sich auf der Hinterhand auszubalancieren.

Bleibt die Frage, wie Sie als Reiter auf natürliche Weise erreichen, daß das Pferd sich auf die Hinterhand setzt. Es ist nun nämlich nicht so, daß das Pferd dies völlig freiwillig tut, denn die Hinterhandarbeit ist anstrengend – die Muskeln der Hinterhand müssen erst trainiert werden, damit es dem Pferd leicht fällt, über die Hinterhand zu tragen.

Zur Beantwortung der oben gestellten Frage ergänzen wir die "reine Lehre" vom natürlichen Gleichgewichtsreiten um die Zügelhilfen und die Schenkelhilfen. Beide erweitern Ihr Aktionsrepertoire. Sie sind jedoch prinzipiell zweitrangig und unterstützen nur die Gewichtshilfen.

Pull and Slack

Zügel- und Schenkelhilfen als kurze Impulse.

Die Hilfen mit Zügel und Schenkel gründen sich darauf, dem Pferd beizubringen, daß es einem Druck ausweichen und einem Zug nachgeben soll.

Natürlicherweise wird ein Pferd auf Druck mit einem gleichstarken Gegendruck reagieren, wie schon im Kapitel über die Bodenarbeit

angesprochen. Haben Sie Ihrem Pferd an der Hand (siehe dort) schon beigebracht, einem Druck nachzugeben, wird es dies unter dem Reiter schnell begreifen, solange Sie nicht versuchen, ein Tauziehen am Zügel mit Ihrem Pferd zu veranstalten oder sich mit dem Schenkel am Pferd "festklemmen".

Wichtigster Grundsatz bei Zügel- und Schenkelhilfen ist deswegen: Geben Sie kurze Impulse – und warten Sie eine Reaktion ab. Erfolgt keine Reaktion, wiederholen Sie die Impulse.
Bei den Zügelhilfen ist es die Pull-and-Slack-Methode. Mit dieser nehmen Sie dem Pferd jede Möglichkeit, sich dauerhaft gegen den Zug am Zügel zu wehren, indem es sich "dagegenlehnt".
Auch beim Schenkeldruck gilt die Devise Druck-Entspannung-Druck-Entspannung. Nach jedem Druck abwarten, was passiert und erst dann den Druck – gegebenenfalls etwas stärker – wiederholen

Zügelhilfen und Schenkelhilfen brauchen Sie hauptsächlich dann, wenn:
1. Sie die Hinterhand Ihres Pferdes vermehrt aktivieren wollen und
2. Sie Ihr Pferd biegen wollen.
Sie brauchen Sie nicht, um Ihr Pferd anzuhalten. Diese auf den ersten Blick provozierende Aussage bedarf natürlich der Erklärung – und sie gilt uneingeschränkt auch nur beim

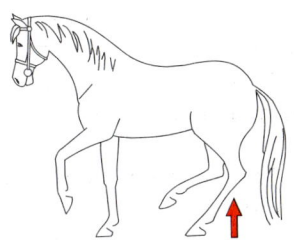

oben : Tragkraft der Hinterhand bei verstärkter Winkelung der Hanken.

unten: Schubkraft aus der Hinterhand.

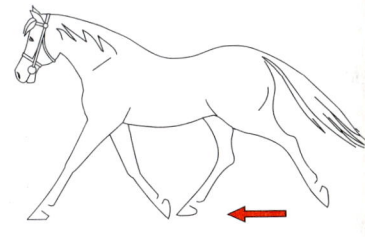

ausgebildeten Pferd. Das Anhalten (auch der Sliding Stop) ist ein Abfallprodukt der Aktivierung der Hinterhand in Verbindung mit der zunehmenden Sensibilisierung des Pferdes auf die Gewichtshilfen des Reiters. Mit den Zügelimpulsen helfen Sie dabei nur in der Trainingsphase nach – sie werden im Laufe der Ausbildung reduziert.

Bevor wir jetzt zu den Einzelheiten kommen, wie Sie mit den Zügeln umgehen und wie Sie Ihre Unterschenkel einsetzen sollen, ein paar

Die Wirkung der Gewichtsverlagerung: Das Pferd folgt dem seitlich verlegten Gewicht in die Wendung hinein – auch ohne Zügeleinwirkung.

Worte zu der Frage, wie und warum das Pferd überhaupt auf diese Signale reagiert.

Die "richtige" Reaktion auf den einseitig zupfenden Zügel ist eine weitgehend natürliche Reaktion. Zupfen Sie rechts am Zügel, wird das Pferd den Kopf nach rechts wenden, um dem Druck im Maul auszuweichen. Da sein Körper immer seinem Kopf folgt, wird es schließlich in die Richtung abwenden, in der Sie zupfen. Wohlgemerkt: Zupfen – mit der Pull-and-Slack-Methode. Ziehen Sie stattdessen konstant, ohne zwischendrin nachzugeben, werden sich die meisten Pferde gegen den Zug wehren und versuchen, den Kopf geradezuhalten. Erinnern Sie sich an das im ersten Kapitel angesprochene Unabhängigkeitsbedürfnis und den Fluchtinstinkt, die das Pferd dazu veranlassen, gegen Zwänge jeder Art und die Einschränkung seiner Beweglichkeit zu kämpfen, weil es den Zwang als bedrohlich empfindet.

Diesem natürlichen Bedürfnis, sich gegen Druck zu wehren, können Sie nur mit der Intervalltechnik beikommen. Will das Pferd Gegendruck aufbauen, geben Sie nach, und wiederholen das solange, bis das Pferd in die gewünschte Richtung abwendet.

Einseitig

Das ist die einseitige Zügelhilfe, die Ihre gleichseitigen Gewichtshilfen unterstützt, wenn es nötig sein sollte. (Gewicht nach rechts und am rechten Zügel zupfen = Pferd bewegt sich nach rechts.) Die einseitige Zügelhilfe hat den Vorteil, daß es dem Pferd leichtfällt, ihr nachzu-geben, also auszuweichen – es wen-det (in Schritt und Trab zumindest) ohne besondere Probleme zur Seite ab. Ein junges Pferd können Sie also normalerweise am inneren (direk-ten) Zügel abwenden. Ein weites Herausführen der Zügelhand "zeigt" ihm zusätz-lich den Weg in die Wendung.

Beidseitig

Nehmen Sie dagegen beide Zügel gleichzeitig an, z.B. um eine Verlangsamung des Pferdes zu errei-chen, so ist die Ausweichmög-lichkeit für das Pferd schon nicht mehr so einfach. Es müßte richtiger-weise mit der Nase nach hinten aus-weichen (und dazu im Genick nach-geben). Nach der Gleichgewichts-theorie müßte es zum Verlang-samen zusätzlich die Hinterhand aktivieren, stark untertreten und sei-nen Schwerpunkt nach hinten verle-gen – wenn ihm der Reiter durch Verlagerung seines eigenen Schwer-punktes dabei hilft. In der Realität tut es dies jedoch nur sehr ungern, weil die Aktion in dieser Form für die Hinterbeine anstrengend ist. Statt-dessen wird es versuchen, "gegen die Hand zu gehen" und schlimm-stenfalls eine Stütze in der Hand des Reiters suchen, sich auf die Hand legen. Sie haben dann 500 kg Pferd in der Hand, die Sie so garantiert nicht abbremsen oder gar anhalten können.

Geben Sie nun mit beiden Zügeln rechtzeitig in der Intervalltechnik wieder nach, so kann das Pferd sich schon einmal nicht dauerhaft auf den Zügel legen.

Einfacher und natürlicher ist es jedoch, gar nicht beide Zügel für die Verlangsamung einzusetzen, son-dern immer nur einen. "Täuschen" Sie ein seitliches Abwenden an und nehmen Sie dabei Ihr Gewicht nur nach hinten und nicht zur Seite – das Pferd gibt mit dem Kopf kurz zur Seite nach, wendet jedoch nicht ab, weil Sie gerade sitzen bleiben. Danach das Gleiche auf der anderen Seite – so kann sich das Pferd nicht im Hals verspannen und gegen den beidseitigen Anzug der Zügel wappnen. Achten Sie jedoch da-rauf, nicht zu "riegeln" – zupfen Sie unrhythmisch, so daß Sie keine Pendelbewegung des Pferdekopfes auslösen.

Dieses wechselnde Annehmen können Sie dann später wieder zu einem kurzen beidseitigen Zügel-impuls verschleifen, wenn das Pferd sicher auf minimale Impulse reagiert und keine Stütze mehr in der Reiterhand sucht. Für das Versammeln und Stoppen des "fertigen" Pferdes mittels der ein-händigen Zügelführung ist es z.B. wieder nötig, daß es auch auf einen beidseitigen kurzen Zügel-impuls reagiert.

Schenkeldruck

Viele junge Pferde reagieren auf den Druck mit dem Unterschenkel durchaus nicht so, wie man sich das als Reiter wünscht. Besonders den vorwärtstreibenden Schenkel, der das Untertreten der Hinterhand spä-ter unterstützen soll, ignorieren junge Pferd gerne. Sie wissen nichts Rechtes mit diesem beidseitigen Druck anzufangen – und bleiben manchmal sogar eher stehen, wenn der Reiter beide Unterschenkel an-drückt. Der Schenkeldruck ist also prinzipiell keine rein natürliche Hilfe – sie muß dem Pferd erst antrainiert werden.

Dazu nutzt nun der pfiffige Reiter wieder die anatomischen Voraus-setzungen seines Vierbeiners.

Das Pferd hat eine recht starre Wirbelsäule, die eine seitliche Biegung nur bis zu einem gewissen Grad zuläßt. Nehmen Sie den rech-ten Zügel an und veranlassen das Pferd, mit der Vorhand immer wei-ter nach rechts zu gehen (ohne vor-wärts zu treiben), wird die Hinterhand nach links ausweichen, denn das Pferd kann seine Wirbelsäule nicht in der Mitte abknicken. Setzen Sie zusätzlich zum rechten Zügel den rechten Unterschenkel ein, so wird das Pferd lernen, dem Druck dieses Schenkels nach links auszuweichen – Sie kön-nen also mit der Zeit nicht nur durch den Zügel, sondern auch durch Schenkeldruck die Hinterhand zu

*Reaktion auf den Schenkeldruck durch
Nutzen der Ausweichreaktion der
Hinterhand
antrainieren*

1

*Das Pferd ist
bestrebt, in seiner
Längsachse gerade
zu bleiben, weil
Biegung anstren-
gend ist.*

2

*Die Hinterhand
weicht nach links
aus, wenn der
rechte Zügel
angenommen wird.*

3

*Der rechte Schenkel
wird als Zusatzhilfe
eingesetzt —
das Pferd lernt die
Schenkelhilfe.*

seitlichem Ausweichen bringen. Das Pferd hat auf natürliche Weise eine Zusatzhilfe – den seitwärtstreibenden Schenkel gelernt.

Allmählich reagiert das Pferd reflexartig auf den Druck des Schenkels - Sie haben Ihm einen neuen Reflex antrainiert.

Die Wirkung des vortreibenden Schenkels ergibt sich nun aus der des Seitwärtstreibenden. Setzt der Reiter beide Schenkel ein, so treibt er prinzipiell die Hinterhand mit dem linken nach rechts und mit dem rechten nach links. Wo soll das Pferd nun hin? Es tritt nach vorne, unter seinen Schwerpunkt. Seine Hinterhand wird folglich durch den beidseitigen Druck aktiviert, unter den Schwerpunkt zu treten.

Sie können auch mit dem Druck des Unterschenkels die Vorhand beeinflussen, wenn Sie ihn weiter vorne einsetzen.

Erleichtern Sie Ihrem Pferd die Reaktionen, indem Sie ihm mit der Position des drückenden Schenkels zeigen, welchen Körperteil Sie beeinflussen wollen. Legen Sie ihn weit nach hinten, wenn die Hinterhand seitlich ausweichen soll; legen Sie ihn an den Gurt, wenn Sie vortreiben wollen und etwas weiter vor, wenn die Schulter ausweichen soll.

Fassen wir zusammen:

Die natürlichen Gewichtshilfen bieten dem Reiter die Möglichkeit, das

Pferd mit einfachen Mitteln "im Ganzen" zu kontrollieren.

Zügel- und Schenkelhilfen sind teils angelernte Hilfen, um die Position seiner Vor- und Hinterhand unabhängig voneinander zu kontrollieren. Mit dieser Kontrolle kann das Pferd gymnastiziert und versammelt werden.

Zudem bieten sie Korrekturmöglichkeiten, wenn das Pferd versucht, sich einer Forderung zu entziehen.

Zügelhilfen sollten immer die am wenigsten stark eingesetzten Hilfen sein, um den natürlichen Vorwärtsdrang des Pferdes nicht allzusehr zu beeinträchtigen.

Weichkneten

Biegung und Versammlung – wozu sie gut sind und wie man sie auf natürliche Weise erreicht.

Warum sollen Sie denn um Gottes willen Ihr Pferd biegen und versammeln, wenn Sie doch nur geradeaus ins Gelände reiten wollen?

Die Frage wird häufig gestellt und ist einfach in drei Punkten zu beantworten:

1. Weil sie damit ein bequemeres Pferd bekommen.
2. Weil Sie Ihr gymnastiziertes Pferd sicherer kontrollieren können.
3. Weil Sie das Pferd durch gymnastizierende Übungen dazu bringen, die Hinterhand

zum Tragen einzusetzen und damit die Vorhand zu schonen. Das Pferd bleibt so länger gesund und einsatzfähig.

Biegung

Für die Biegung brauchen Sie nun Ihr volles Hilfenrepertoire, die Gewichtshilfen allein reichen dazu nicht.

Das Pferd hat gelernt, auf Gewichts- und Zügelimpulse abzuwenden und es hat gelernt, auf Schenkeldruck mit der Hinterhand seitlich auszuweichen. Damit ist die Grundlage der Biegung geschaffen.

Sie wollen z.B. einen Zirkel nach rechts reiten. Zupfen Sie am rechten Zügel und legen Ihr Gewicht nach rechts, wendet das Pferd zwar nach rechts, bleibt aber dabei in sich gerade. In schnelleren Gangarten schleudert die Hinterhand dabei nach links heraus, weil das Pferd seine Wirbelsäule aus Gründen der eigenen Bequemlichkeit möglichst gerade lassen will (Biegung ist anfangs anstrengend – wie auch der Mensch, der Gymnastik betreibt, nach dem anfänglichen Muskelkater weiß). Die Hinterhand ist jedoch der Teil des Pferdes, der eigentlich die Bewegungsenergie auffangen und sich nicht durch Herausschleudern davor drücken soll. In der Rechtswendung sollte das rechte Hinterbein stärker untertreten, um die Hinterhand "in der Spur" (will sagen auf der Zirkellinie)

Biegung und Aktivierung der Hinterhand bei Schulterherein (oben) und Traversale (unten).
Der Reiter braucht sein volles Hilfenrepertoire, um die Biegung zu erreichen und zu erhalten. Die Intensität aller Hilfen nimmt jedoch mit zunehmender Gymnastizierung des Pferdes ab.

zu halten. Was also tut der Reiter – er legt den linken Schenkel an und drückt die Hinterhand nach rechts. Das Pferd ist nun nach rechts gebogen. Vor- und Hinterhand bleiben auf der Zirkellinie. Äußerer Zügel und innerer Schenkel bleiben "in Reserve" und können bei Schwierigkeiten zusätzlich eingesetzt werden – siehe letztes Kapitel).

Können Sie Ihr Pferd links und rechts gleich gut biegen, so können Sie es auch versammeln.
Nehmen Sie Ihren Schwerpunkt nach hinten und geben mit beiden Schenkeln kurz Druck, um die Hinterbeine vorzutreiben. Dann zupfen Sie kurz am Zügel, um das Pferd daran zu hindern, nach vorn wegzulaufen. Anfangs zupfen Sie immer nur an einem Zügel. Das Pferd stellt dann zwar den Kopf leicht nach rechts oder links, kann sich jedoch dabei nicht im Hals festmachen und gegen den Zügel gehen (siehe vorige Abschnitte). Wenn das Pferd gelernt hat, sich in leichter Stellung von hinten nach vorn ohne Widerstand "zusammenschieben" zu lassen, können Sie es auch auf der Geraden mit einem Zupfen an beiden Zügeln ohne seitliche Abstellung versuchen.

Arbeitserleichterung bei der Gymnastik

Wie bei der Arbeit am Boden gilt auch beim Reiten: Vermeiden Sie Langeweile beim Pferd durch das sture Wiederholen immer der gleichen Lektion. Reiten Sie viele Übergänge (Gangartenwechsel). Aktivieren Sie die Hinterhand durch Lektionen wie Antraben und Angaloppieren aus dem Halten oder später aus dem Rückwärtsrichten

Entspannte Rückenlinie eines Pferdes in freier Bewegung.

heraus. Legen Sie besonderes Augenmerk auf ein korrektes Rückwärtsrichten. Taktreines Rückwärtsrichten unter dem Reiter im diagonalen Zweitakt, ohne dabei zu stocken oder die Hufe über den Boden zu schleifen, deutet erstens auf Vertrauen zum Reiter hin, zweitens auf einen spannungsfreien Rücken und drittens auf eine Hinterhand, die sich tief setzen kann.

Versuchen Sie nie, Ihr Pferd am Zügel rückwärts zu ziehen. Nach der Gleichgewichtstheorie reicht es, wenn Sie Ihr Gewicht nach hinten verlegen, dabei minimal den Zügel annehmen und etwas beidseitigen Schenkeldruck geben. Das Pferd will auf den Schenkeldruck antreten, wird aber durch das Gewicht und die angenommenen Zügel daran gehindert. Es setzt die Hinterhand unter sich und tritt beim nächsten Schritt zurück. Zum besseren Verständnis und späterem, minimierten "Signal" für das Rückwärtsgehen wird die Zügelhand dabei angehoben. Direkt aus dem Rückwärtsrichten anzutraben – durch leichtes Vorneigen des Oberkörpers und Nachgeben mit der Hand bei stärkerem Schenkeldruck – hilft Ihnen bei der Aktivierung der Hinterhand.

Wollen Sie Ihr Pferd dem Schenkel weichen lassen (Two-Track mit gegen die Bewegungsrichtung gestelltem und gebogenem Pferd), es also vorwärts-seitwärts übertreten lassen, können Sie die Bande als vordere Begrenzung nutzen, damit es Ihnen nicht nach vorne wegläuft. Die Zügeleinwirkung können Sie dabei dann auf die Stellungskontrolle beschränken. (Seitengänge: Siehe auch letztes Kapitel "Probleme"). Genauso können Sie die Bande nutzen, um ein Pferd zu verlangsamen, wenn es zu schnell wird – stellen Sie es mit dem Kopf schräg gegen die Bande – es wird dann meist von allein langsamer. Auch für die Biegung und die Hinterhandarbeit können Sie die Bande nutzen – wenden Sie Ihr Pferd zur Bande hin nach außen ab. Will es nicht gegen die Wand rennen, so muß es sich stark zusammenschieben, Gewicht mit der Hinterhand aufnehmen und dementsprechend auf der Hinterhand wenden. Der Roll back wird später auf diese Weise gegen die Bande trainiert.

Nutzen Sie sichtbare Mittelpunkte, um Ihr Pferd um diese zu biegen. Es wird so eher einen Sinn in seiner Wendung sehen.

Bewegungsdrang erhalten

Bei allen Übungen ist es wichtig, den natürlichen Vorwärtsdrang des Pferdes zu erhalten. Versammlung, d.h. die Aktivierung der Hinterhand, darf nie auf Kosten der Vorwärtstendenz gehen. Will Ihr Pferd auf Dauer nicht mehr freiwillig vorwärts gehen, so haben Sie etwas falsch gemacht. Kurzfristiges "Steckenbleiben" des Pferdes ist im Zuge verstärkter Biegung und Versammlung jedoch nicht immer zu vermeiden. Reduzieren Sie dann zuerst die Zügelhilfen und versuchen Sie, das Pferd in Dehnungshaltung in jeder Gangart locker vorwärts zu reiten. Betreiben Sie Intervalltraining: wechseln Sie oft zwischen mehr versammelten Abschnitten und solchen, in denen Sie das Pferd mit langem Hals vorwärts reiten. Der Wechsel Spannung-Entspannung ist wichtig für das Erhalten der Vorwärtstendenz.

Minimierung der Hilfen - bequeme Kontrolle

In diesem Buch soll die jeweils einfachste und natürliche Kontrolle des Pferdes bei größtmöglicher Bequemlichkeit des Reiters im Vordergrund stehen.

Minimierung der Hilfen steht dabei ganz oben.

Sie sind verwirrt – erst soll das Pferd lernen, auf die Hilfen zu reagieren und dann sollen sie wieder minimiert werden?

Das vermehrte "Drangsalieren" des Pferdes mit Zügel- und Schenkelhilfen ist jedoch nur eine Ausbildungsphase, um es weichzukneten. Ist die Gymnastizierung gelungen, so trägt sich das Pferd selbst - es arbeitet auf der Hinterhand und

Das Nachgeben im Genick, der gebogene Hals mit runder Oberlinie, ist keine unnatürliche Forderung des Menschen bei der Arbeit mit dem Pferd – auch in der Natur zeigen Pferde diese Haltung, wenn sie anderen imponieren wollen.

der Reiter kann daran gehen "es sich bequem zu machen" und seine Hilfen auf minimale Signale zu reduzieren.

Bleiben wir beim Beispiel des obigen Rückwärtsrichtens: Erst lernt das Pferd, auf Kommando rückwärts zu gehen. Dazu wird die ganze "Hilfen-Trickkiste" (Schenkel, Zügel, Gewicht, Stimme, Vorbereitung am Boden etc.) eingesetzt. Später werden die Hilfen stückweise zu einem "Kürzel" reduziert – immer um soviel, daß das Pferd gerade noch richtig reagiert. Die Reduzierung endet schließlich in einem Anheben der Hand ohne Druck bei Gewichtsverlagerung nach hinten. Der Schenkeldruck kann dann als eine Art "Beschleuniger" eingesetzt werden, wenn das Pferd schneller rückwärts gehen soll.

Einhändig

Auch die einhändige Zügelführung – eine Art Markenzeichen für die Arbeitsreitweisen – funktioniert nach dem Reduktionsprinzip. Das Pferd hat grundsätzlich mit der beidhändigen Zügelführung gelernt, einem Zügelzug nachzugeben, sich zu biegen und die Hinterhand einzusetzen. Legen Sie nun, während Sie das Pferd mit Gewicht innen und dem inneren Zügel abwenden, immer außen den Zügel an den Hals, so reagiert das Pferd schließlich nicht nur auf Zug am inneren Zügel, sondern auch auf Anlegen des äußeren Zügels mit Abwenden nach innen.

Haupthilfe ist nach wie vor das Gewicht des Reiters – die direkte Zügelhilfe mit dem inneren Zügel sowie die Schenkelhilfen, die die Biegung erhalten und korrigiern, werden jedoch bei der Minimierung immer weiter zurückgenommen. Das Pferd wird schließlich im Normalfall mit dem äußeren angelegten Zügel und dem Gewicht gelenkt. (Innerer Zügel und Schenkeldruck bleiben als Korrekturinstrumente in Reserve.)

Achten Sie darauf, den äußeren Zügel dabei im Normalfall nicht anzunehmen, sondern nur an den Hals anzulegen. Er soll keinen Druck auf das Maul ausüben.

Nur, wenn Sie Ihr Pferd korrigieren wollen, kann es nötig sein, den äußeren Zügel anzunehmen (siehe Probleme). Korrekturen sollten jedoch nicht einhändig ausgeführt werden, sondern immer mit zwei Händen und möglichst immer mit einem gebrochenen Gebiß, weil nur dann die korrigierenden Zügelhilfen gut genug dosiert werden können und das Gebiß nicht im Maul kippt.

Die einhändige Zügelführung ist immer nur das Endprodukt der Grundausbildung mit zwei Händen und hat nur Sinn für das prinzipiell durchgymnastizierte und gehorsame Pferd. Sie ergibt sich praktisch von allein, wenn das Pferd gut auf Gewicht geht und sich freiwillig biegt. Doch auch beim ausgebildeten Pferd wird sich immer wieder die

Notwendigkeit ergeben, auftretende Steifheiten oder Unsauberkeiten im Training mittels der beidhändigen Zügelführung zu korrigieren. Ein Pferd ist eben nicht irgendwann einfach "fertig" in der Ausbildung, sondern unterliegt Schwankungen, Rückschlägen und Unlustphasen, wie auch sein Reiter.

Konditionsaufbau

Zum Schluß noch ein Wort zur Kondition des Pferdes.

Denken Sie immer daran, daß auch Sie nicht von heute auf morgen ohne Aufbautraining einen Gepäckmarsch von mehreren Stunden durchstehen. So geht es auch dem jungen oder dem untrainierten Pferd. Reiten Sie also ein junges Pferd nie zu lange. 15 - 20 Minuten Bahnarbeit reichen am Anfang völlig. Gewöhnen Sie das Pferd langsam an Ihr Gewicht. Beginnen Sie mit viel Schrittarbeit und steigern Sie Trab- und vor allem Galoppreprisen sehr langsam, was Länge und Häufigkeit angeht. Bauen Sie Kondition durch immer längere Schrittstrecken im Gelände auf und lassen Sie sich mit dem Galoppieren Zeit. Damit vermeiden Sie Schäden an Sehnen und Gelenken und psychische Probleme aufgrund von Überforderung.

Denken Sie immer daran: Nicht das schnelle, sondern das langsame, schonende, kontrollierte Reiten ist eine Kunst. Natürliches Gebrauchs-Reiten hat nichts mit der "Wilden Reiter GmbH" zu tun, als die es in vielen Westernfilmen dargestellt wird.

Der natürliche Vorwärtsdrang des Pferdes sollte nicht „weggeritten" werden – die Hinterhand ist andernfalls schwer zu aktivieren.

Kontrolle und Angstbewältigung

Psychologie

für mehr Sicherheit.

Das Thema Angst wird gern totgeschwiegen. Neulinge und "schwache" Reiter schämen sich oft ihrer Angst. Routinierte Reiter haben sie entweder bewältigt oder verdrängt. Dabei ist es eigentlich völlig normal, vor der Größe, Körperkraft und den schnellen Reaktionen eines Pferdes Respekt zu haben.

VORSICHT

Gesunde Vorsicht beim Umgang mit Pferden ist „mutigem" (oft unbedachtem) Draufgängertum auf jeden Fall vorzuziehen. Respekt und Vorsicht sind angebracht und wichtig, um sich als Reiter nicht selbst in Schwierigkeiten zu bringen.

Der gesunde Respekt hilft Ihnen beim Umgang mit Pferden. "Ungesunde" Angst dagegen blockiert Ihre Handlungen mehr oder weniger stark. Das Schlimmste an der Angst ist, daß sie sich in jeder Bewegung Ihres Körpers, in Ihrer Haltung, Ihrer Stimme ausdrückt. Das Pferd spürt sie – und nutzt sie rücksichtslos nach dem Gesetz des Stärkeren aus. Es tut damit nichts "Unrechtes" nach dem Gesetz der Herde, sondern handelt nur nach seiner Natur. Ältere, gutmütige Schulpferde werden Ihnen auch nichts tun, wenn Sie etwas Angst haben. Junge, ungebärdige oder auch sehr dominante, ranghohe Pferde werden jedoch sehr schnell ihre Spielchen mit Ihnen treiben, wenn Sie zu vorsichtig sind. Und ängstliche, nervöse Pferde (auch unter den Pferden gibt es ausgesprochene Angsthasen) werden Ihnen kein Vertrauen schenken, wenn sie merken, daß "ihr Mensch" selbst Angst hat.

Wie Sie sich mit der Bodenarbeit grundsätzlich Respekt verschaffen können, haben Sie schon im ersten Kapitel gelesen.

In diesem Kapitel soll es um die Wechselwirkung zwischen Angst-

Vertrauen gegen Vertrauen:
Beim Reiten ohne Zäumung und Sattel zeigt sich das Vertrauensverhältnis zwischen Reiter und Pferd.

reaktionen beim Pferd und beim Menschen gehen.

Grundsätzlich gilt: mutiges Pferd = mutiger Reiter = mutiges Pferd. Genauso aber auch: ängstliches Pferd = ängstlicher Reiter = ängstliches Pferd (ein Kreislauf, der schwer zu durchbrechen ist).

Möglichkeiten zum Durchbrechen des "Teufelskreises Angst" sollen hier aufgezeigt werden.

Vertrauen gegen Vertrauen

Bringt das Pferd Ihnen Respekt entgegen, vertraut es Ihnen auch. Beides gehört in der Herde untrennbar zusammen. Vertraut Ihnen das Pferd, können Sie ihm im Gegenzug auch vertrauen, denn es wird sie kaum mit unkontrollierbaren Angstreaktionen in Schwierigkeiten bringen.

Wissen Sie, daß Sie Ihr Pferd kontrollieren können, so kommt Ihr Vertrauen dem Pferd gegenüber von allein. Sie fühlen sich sicher.

Kontrolle durch Sicherheit – Sicherheit durch Kontrolle

Reiter haben normalerweise vor zwei Dingen besondere Angst.

1. Sie verlieren die Kontrolle über das Pferd. Das kann am Boden sein oder auf seinem Rücken. Egal, ob die Ursachen für ein unkontrollier-

bares Verhalten des Pferdes dessen Angst oder einfach Widersetzlichkeiten sind – fühlen Sie sich als Mensch nicht Herr der Lage, so reagieren Sie mit Unbehagen, oder eben mit Angst.

2. Sie fallen herunter. Die Angst, zu fallen, ist eine der Grundängste beim Reiten und führt zu ver-

krampftem Sitz. Auch wenn das Pferd ganz lieb ist und gar nicht daran denkt, seinen Reiter in den Sand zu setzen, kann der verkrampfte Sitz schnell zu einem "Absturz" führen, da die Federwirkung des entspannten korrekten Sitzes in Trab und Galopp fehlt. Angst kann den Reiter also tatsäch-

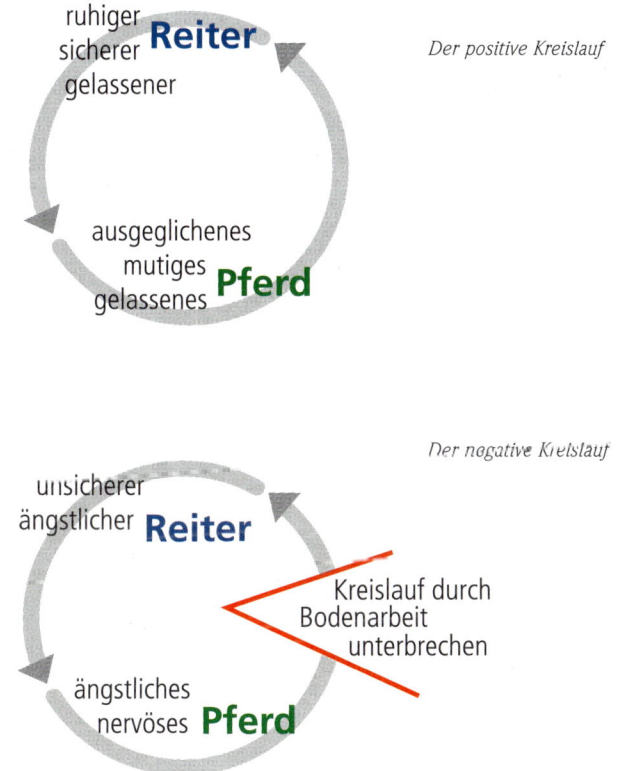

Der positive Kreislauf

Der negative Kreislauf

Kreislauf durch Bodenarbeit unterbrechen

lich aus dem Sattel werfen. Hat der unsichere Reiter es auch noch mit einem potentiellen Buckler zu tun, so wird der "Krampf-Effekt" natürlich noch verschlimmert.

Unberechenbar?

Angst, die Kontrolle zu verlieren, ist vor allem bei Menschen verbreitet, die das Verhalten ihres Pferdes nicht einschätzen können. Sie wissen sich nicht zu helfen, wenn das Pferd seinen eigenen Kopf durchsetzen will. Mit etwas Theorie und dem Verständnis der natürlichen Verhaltens-Mechanismen (z. B. durch Übungen am Boden und Beobachten von Pferden in der Herde) können diese Kontroll-Ängste gemildert werden. Ehrlicherweise muß man jedoch zugeben, daß ein klitzekleiner Rest

Unberechenbarkeit auch beim besterzogenen und superausgebildeten Pferd übrigbleibt – es ist eben ein Pferd und keine Maschine – und es denkt nicht nach, bevor es erschreckt einen Satz zur Seite macht. Es handelt aus einem Reflex heraus. Der Reflex-Satz ist so schnell, daß der Mensch davon überrascht wird. Ein guter Gleichgewichtssitz macht ihn jedoch weitgehend unanfällig gegen solche überraschenden Angriffe auf seine Sattelfestigkeit.

Auch die Fall-Ängste können durch Sitz- und Gleichgewichtsübungen an der Longe auf einem sicheren Pferd verbessert werden – je sicherer der Reiter im Gleichgewicht sitzt,

desto weniger kommt er in "Wohnungsnot" und um so sicherer fühlt er sich.

Fühlt der Mensch sich sicher auf dem Pferd oder im Umgang mit dem Pferd, so bedingt diese Sicherheit eine natürliche Autorität; das Pferd reagiert darauf mit Vertrauen und wird als Folge ruhiger und leichter beherrschbar.
Ansatzpunkt für die Entwicklung der Sicherheit des Reiters sind die Bodenarbeit, um dadurch ein Gefühl für die Kontrollierbarkeit und die Reaktionen des Pferdes zu bekommen und Sitzübungen, Sitzübungen, Sitzübungen... (möglichst im Roundpen oder an der Longe und ohne Zügel – ohne das Pferd dabei lenken zu müssen).

Im Trail festigen sich Koordination und Vertrauen.

Autorität durch Konsequenz

Setzen Sie Ihrem Pferd bei der Erziehung klare Grenzen und lassen Sie es nie einen Machtkampf gewinnen.

Daß Sie diese Grenzen nicht mit "Gewalt" und Kraft durchsetzen können, sondern nur mit List und Tücke – sprich mit der Imitation des Leittierverhaltens, haben Sie im Kapitel über die Bodenarbeit schon gelesen.

Das Gleiche gilt natürlich, wenn Sie auf Ihrem Pferd sitzen: Egal, welche Übung Sie anfangen, geben

Sie nicht auf, bevor Sie nicht zumindest einen Teilerfolg für sich verbuchen können.

Besonders alle Arten von Trailübungen sind gut geeignet, Ihre Ansprüche durchzusetzen.

Koordination und Konsequenz in Trailübungen

Im Trail mit seinen Kombinationen aus Seitwärts-, Vorwärts- und Rückwärtsbewegungen kann der Reiter erstens gut das Zusammenwirken seiner Hilfen und deren Feinabstimmung trainieren. Zweitens kann er die Aufmerksam-

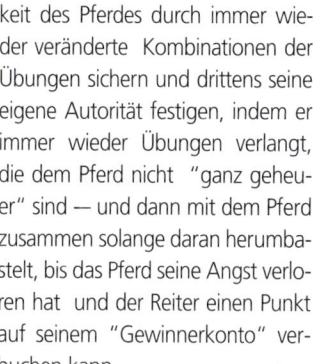

keit des Pferdes durch immer wieder veränderte Kombinationen der Übungen sichern und drittens seine eigene Autorität festigen, indem er immer wieder Übungen verlangt, die dem Pferd nicht "ganz geheuer" sind — und dann mit dem Pferd zusammen solange daran herumbastelt, bis das Pferd seine Angst verloren hat und der Reiter einen Punkt auf seinem "Gewinnerkonto" verbuchen kann.

Geben Sie niemals auf, wenn Sie eine Übung begonnen haben, vor der das Pferd Angst zeigt, sondern arbeiten Sie mit allen Tricks, um das Pferd schließlich doch über eine flatternde Plastikplane oder eine Wippe zu bugsieren. Angenommen, Sie haben sich die Wippe vorgenommen — das Pferd geht oft anfangs darüber und reagiert mit einem erschreckten Satz, an dem Punkt, an dem die Wippe kippt; kein Wunder, fühlt sich doch das Pferd durch das Kippen auf unsicherem Terrain und hat Angst, den Boden unter sich zu verlieren. Den nächsten Versuch, die Wippe zu überqueren, wird es – aus nachvollziehbaren Gründen – ablehnen. Da setzen Sie nun als Reiter oder Führender mit Ihrem Einfallsreichtum an: Sie können vor Ihrem Pferd herlaufen — das Pferd, welches Ihnen schon weitgehend vertraut, folgt Ihnen (erinnern Sie sich: Sie bieten ihm als "Leittier" Schutz, wenn es hinter Ihnen herläuft.) Sie können die Wippe auch anfangs quer überwinden, so daß sie nicht mehr kippt und dann langsam in die Diagonale und schließlich in die Längsrichtung wechseln. Oder Sie stellen sie durch Unterbau fest, so daß sie vorläufig nicht kippen kann. Egal, was Sie anstellen, verlieren Sie nicht die Geduld, sondern zermürben Sie Ihr Pferd, indem Sie es immer wieder vor die Wippe stellen und zum Darübergehen auffordern – solange, bis es das tut, was Sie wollen. (Die Methoden der Bodenarbeit, bei denen Sie Ihr Pferd auch von hinten führen und von sich wegschicken können, helfen Ihnen dabei.) Haben Sie einfach den längeren Atem – irgendwann hat das Pferd die Faxen dick und wählt den angenehmeren Weg, bei dem es nicht mehr von Ihnen genervt wird. "Nerven" bedeutet nun auf keinen Fall, daß Sie das Pferd mit Gerte oder Peitsche bearbeiten – es bedeutet vielmehr, daß Sie es konsequent daran hindern, sich Ihrer Forderung durch Weglaufen zu entziehen (egal, ob Sie draufsitzen oder es führen). Es kann Ihnen passieren, daß das Pferd wild an der Hand um Sie herumhopst oder unter dem Sattel mehrfach "elegant" auf der Hinterhand wegdreht. Vor solchen Manövern sollten Sie keine Angst haben. Wenn Sie unsicher sind, ob Sie einen unerwarteten und unerwünschten Roll back aussitzen können, arbeiten Sie an der Hand und benutzen unter Umständen eine Führkette, damit sich Ihr Pferd nicht von Ihnen verabschiedet, weil Sie es nicht halten können.

Das Pferd hat die Aufmerksamkeit beim Reiter – die Stellung der Ohren verrät es.

Selbstverschuldete Schwierigkeiten

Bringen Sie sich nicht in selbstverschuldete Schwierigkeiten. Handeln Sie vorausschauend. Überlegen Sie vor einer neuen Übung, was passieren könnte, wie das Pferd reagieren könnte und stellen Sie sich darauf ein. Mißbrauchen Sie das Vertrauen Ihres Pferdes nicht – verlangen Sie nichts, was seinen Ausbildungsstand und seine Fähigkeiten übersteigt. Und bringen Sie es (und sich selbst) nicht in Gefahr. Galoppieren Sie z.B. nicht allein im Gelände, wenn Sie Ihr Pferd in der Bahn im Galopp noch nicht sauber beherrschen. Achten Sie darauf, daß es sich bei Trailübungen nirgendwo verfangen kann. "Versenken" Sie es nicht in tiefen Schlammlöchern, wenn Sie durch einen Bach reiten und trainieren Sie das Bergauf- und Bergabreiten nicht gleich an extremen Steigungen. Vertrauensverlust, panische Reaktionen und schlimmstenfalls böse Verletzungen und Unfälle sind die Folge von solchen unbedachten Handlungen. Sie als Reiter sind die Vertrauensperson für Ihr Pferd und deswegen für seine Sicherheit zuständig.

Keine Provokation

Provozieren Sie keine Reaktionen des Pferdes, denen Sie unter Umständen reiterlich oder auch am Boden nicht gewachsen sind. Will das Pferd einen Machtkampf, was durchaus passieren kann, wenn die Rangfolge nicht hundertprozentig geklärt ist oder wenn Sie mit Hengsten arbeiten, die hin und wieder mal probieren, ob Sie nicht vielleicht doch die Oberhand gewinnen können, so versuchen Sie abzulenken, statt es auf eine offene Konfrontation ankommen zu lassen. Seien Sie sich immer darüber im klaren, daß Sie Ihrem Pferd kraftmäßig nicht gewachsen sind – Sie können es immer nur überlisten.

Beispiel: Sie arbeiten am Boden und wollen, daß Ihr Pferd rückwärts ausweicht. Sie laufen also zielstrebig frontal auf Ihr Pferd zu – Sie merken, daß es nicht weichen will und z.B. ungnädig die Ohren zurücklegt und die Nase kräuselt. Sie können nun Ihre Bewegungsrichtung ändern und nur einen seitlichen Angriff auf die Hinterhand starten. Das Pferd wird in kampflustiger Stimmung

eher mit der Hinterhand ausweichen, weil das Rückwärtsgehen eine Unterwerfunggeste darstellt.

Oder: Sie sind ein eher unsicherer Reiter und merken, daß Ihr Pferd heute aufgedreht ist (auch das ruhigste Pferd hat manchmal seine "wilden 5 Minuten"). Lassen Sie es an der Longe oder freilaufend Dampf ablassen, bevor Sie sich draufsetzen – das verhindert, daß Sie aus Angst verkrampft auf Ihrem Pferd sitzen, es am Zügel festhalten wollen und damit erst recht einen Buckler provozieren.
An windigen Tagen sind Pferde oft besonders aufgedreht – überall bewegt sich etwas: da flattert eine Plane, dort fliegt etwas durch die Luft. Konfrontieren Sie an solchen Tagen ein sowieso schon über Gebühr aufgedrehtes Pferd nicht mit neuen Übungen, die es unter Streß setzen – explosionsartige Ausbrüche können die Folge sein.

Ablenken statt Kämpfen

Bei einem Pferd, das viel Energie und Vorwärtsdrang hat, oder einem, das versucht, seinen (durch falsches Reiten leider weit verbreiteten) Rückenschmerzen davonzulaufen, sollten Sie als Reiter darauf verzichten, es am Zügel zurückhalten zu wollen. Pferde lernen dadurch nur, sich gegen die Reiterhand zu wehren. Seien Sie sich immer darü-

ber im klaren, daß Sie ein Pferd nicht mit der Hand kontrollieren können. Egal, wie scharf ein Gebiß ist – ein Pferd, welches Ihnen davonrennt, können Sie nie am Zügel festhalten. Lassen Sie es sich stattdessen im Roundpen müde laufen oder lenken Sie es durch häufige Wendungen ab. Stellen Sie es schräg nach außen gegen die Bande, wenn es anders nicht verlangsamen will oder reiten Sie eine Weile konsequent im Schritt, wenn Trab und Galopp Ihrem Pferd immer Anlaß zum Rennen sind. Und bringen Sie es auf jeden Fall dazu, den Kopf zu senken – also eine entspannte Haltung einzunehmen.
Das können Sie z.B. mit am Boden liegenden Stangen erreichen: Das Pferd muß den Kopf tiefnehmen und hinschauen, will es nicht auf die Nase fallen. Beschränken Sie sich aber auf Schritt und Trab über Stangen, um ein Pferd zu beruhigen und zu entspannen. (Siehe auch "Just for Fun".)

Schrittarbeit

Die Schrittarbeit stellt zudem ein wichtiges Instrument dar, um Schwierigkeiten zu vermeiden und zu beheben. Im Schritt können Sie fast alles trainieren – vor allem können Sie Ihr Pferd problemlos abwenden, biegen und auf Ihre Schenkel- und Zügelhilfen sensibilisieren, denn im Schritt hat es keine Probleme mit Gleichgewichtsverlust, Zentrifugal-

Das Pferd schaut in die Ferne. Bevor Sie mit ihm arbeiten können, müssen Sie seine Aufmerksamkeit gewinnen.

nicht genug untersetzt, einen Stop aus dem Galopp reiten, so kann das nur in einem unschönen Geholper mit blockierenden Vorderbeinen und fester Schulter enden. Also immer schön der Reihe nach: erst Hinterhand trainieren, Rücken entspannen und Zügelhilfen minimieren, schließlich das Pferd auf die Gewichtshilfen feinabstimmen – und dann langsam steigern, indem das Pferd aus dem Trab angehalten wird. Der Stop aus dem Galopp kommt erst ganz zum Schluß und ergibt sich fast automatisch aus der Reihenfolge der eben angeführten Übungen, wenn Sie dabei keine schwerwiegenden Fehler machen.

Zu den reiterlichen Fähigkeiten gehört es z.B. auch, daß Sie schnell merken, wenn das Pferd etwas richtig gemacht hat – um es sofort zu loben und evtl. danach gleich mit der Arbeit aufzuhören. Vielen Reitern fehlt jedoch dieses Gefühl für den Erfolg ihrer Bemühungen und sie wiederholen eine vom Pferd prinzipiell richtig ausgeführte Lektion solange, bis das Pferd anfängt, Fehler zu machen und schließlich ganz sauer wird, weil es sich nach Kräften bemüht und trotzdem nicht zufriedengelassen wird. Da hilft nur, sich von einem untenstehenden Beobachter den Erfolg einer Übung bestätigen zu lassen, um im richtigen Augenblick damit aufzuhören.

kraft und sonstigen Widrigkeiten, die Biegung und Versammlung auf gebogenen Linien erschweren.

Sie als Reiter können die richtige Koordination Ihrer Gewichts-, Zügel- und Schenkelhilfen streßfrei üben, denn im Schritt gibt es für Sie selbst keinen Grund, aus dem Gleichgewicht zu kommen. Legen Sie also Schritt- und Trailtage ein, um Feinabstimmung zu üben und Ihr Pferd zu beruhigen.

Richtig einschätzen

Und zu guter Letzt: Schätzen Sie Ihre reiterlichen Fähigkeiten und den Ausbildungsstand Ihres Pferdes realistisch genug ein, um nichts zu probieren, was Sie nicht auf die eine oder andere Art zu einem guten Ende bringen können.

Wollen Sie mit einem ungymnastizierten Pferd, das seine Hinterhand

Solche Situationen sind im Alltag unnötig. Dieses Pferd buckelt nur, weil der Nierengurt stramm gezogen wurde.

Gefahr erkannt - Gefahr gebannt

Meiden Sie gefährliche Standorte – besonders bei Pferden, die Ihnen nicht vertraut sind.

Das Pferd hat einen begrenzten Aktionsradius, wenn es darum geht, zu treten oder zu beißen.

Der Standort hinter den Hinterbeinen ist sicher der gefährlichste, denn die Wucht eines tretenden Hinterhufes, der als Abwehrwaffe gedacht ist, kann tödlich sein, wenn er an der richtigen Stelle trifft. Die Chance, daß ein Pferd gezielt und mit Wucht nach einem Menschen schlägt, ist zwar gering – aber es kann vorkommen. Also halten Sie hinten 2 m Sicherheitsabstand. Seitlich neben den Hinterbeinen können Sie jedoch sicher stehen. Das Pferd kann die Hinterhufe nur wenig zur Seite ausschwingen. Allenfalls kann es nach vorne unter den Bauch treten, wenn es z.B. eine Mücke verscheuchen will.

Direkt vor dem Pferd befinden Sie sich in Reichweite der Vorderhufe und der Zähne. Stehen Sie dicht an der Schulter, kann Ihnen viel weniger passieren. Das Pferd muß im Hals ganz schön abknicken, um Sie mit den Zähnen zu erreichen, wenn Sie direkt an der Schulter stehen. Und mit dem Vorderhuf kann es aus der Schulter auch nicht gut seitlich treten.

Stehen Sie dicht am Pferd, nehmen Sie jeder Aktion der Pferdebeine den Schwung und damit die Macht, richtigen Schaden anzurichten. Deswegen sollten Sie auch beim Auskratzen der Hufe dicht neben dem Bein stehen. Beugen Sie den Kopf dabei nicht direkt über den Huf – sonst gibt Ihnen das Pferd womöglich einen Kinnhaken, wenn es das Bein einmal wegzieht.

Und schließlich die Binsenweisheit: Provozieren Sie keinen Tritt, indem Sie ein Pferd erschrecken. "Schleichen Sie sich lautlos an", um ihm dann einen freundschaftlichen Klaps zu geben. Mag der noch so wohlgemeint sein – das Pferd könnte ihn mit einem erschreckten Tritt quittieren. Es wollte Ihnen damit nichts Böses, sondern hat nur aus einem angeborenen Reflex heraus gehandelt. Diese Entschuldigung nützt Ihnen jedoch nichts, wenn Sie danach wochenlang einen Hufabdruck auf ihrem Oberschenkel haben oder im Krankenhaus gelandet sind.

Laune

Lernen Sie auch, die Laune Ihres Pferdes einzuschätzen, um sich nicht unnötig auf Konfrontationskurs mit einem Pferd in Kampflaune zu begeben.
Der Gesichtsausdruck Ihres Pferdes sagt Ihnen schnell, was Sie von ihm zu erwarten haben.
Stimmen Sie Ihre eigenen Handlungen und Lektionen auf die Laune Ihre Pferdes ab.
Die Hauptstimmungen können Sie gut erkennen:

Freundlich, aufmerksam, zufrieden: gespitzte Ohren – entspanntes Maul (Kinngrube nicht verkniffen), offene Nüstern, klare Augen.

Aufmerksam, freundlich aber nach hinten orientiert: wie oben, jedoch mit nach hinten gedrehten Ohren, so daß die Wahrnehmung nach hinten ausgerichtet ist. Das zufriedene gerittene Pferd hat die Ohren oft nach hinten gestellt – es konzentriert sich auf den Reiter.

Muffelig, schlecht gelaunt: gekräuselte Nüstern, leichtes unwilliges Kopfschütteln, Ohren "auf Halbmast" (halb nach hinten geklappt - nicht zu verwechseln mit den nach hinten gedrehten Ohren).
Das muffelige Gesicht des Pferdes ist manchmal dem "Schmerzgesicht" sehr ähnlich. Das Pferd fühlt sich nicht wohl, hat Rückenschmerzen, Bauch- oder Kopfschmerzen. Dabei zeigt es oft neben den gekräuselten Nüstern auch leicht die Zähne, zieht die Lippen etwas hoch.

Absolut sauer: das Pferd zeigt leicht die Zähne, kräuselt die Nüstern, hat die Ohren angelegt, stampft beim Longieren oder Reiten unwillig mit dem Vorderfuß auf, schnaubt unwillig (mehrmals hart und kurz) oder "winkt" mit dem Hinterbein.

Zum Angriff bereit: Höchstes Alarmsignal mit gebleckten Zähnen, aufgerissenen Augen und flach angelegten Ohren. Ein solches Pferd sollten Sie auf keinen Fall mit einer Aufforderung zu einer Demutsgeste, wie dem Rückwärtsrichten reizen. Es könnte sein, daß es auf Sie

losgeht (oder unter dem Sattel steigt). Sehen Sie zu, daß Sie es von seinen Angriffsabsichten ablenken, wenden Sie es unter dem Sattel oder auch am Boden vorsichtig ab, gehen Sie am Boden aber nicht zu nahe heran.
Beobachten Sie immer die Reaktionen und die Stimmung Ihres Pferdes, wenn Sie mit ihm arbeiten: Bessert sich die Laune während der Arbeit – dann haben sie gut gearbeitet. Ist es am Ende jedoch schlechter drauf als am Anfang, so haben Sie ihm die Arbeit nicht angenehm genug gemacht.

Ängstlich: das ängstliche Pferd reißt die Augen auf, bläht die Nüstern, schnaubt und spitzt die Ohren in Richtung der vermeintlichen Gefahr. Je nach Stärke der Angst, sind die "Symptome" schwächer oder stärker.

Angstbewältigungsprogramm fürs Pferd

Nehmen Sie Ihrem Pferd die Angst vor dem Ungewohnten. Damit machen Sie es weitgehend "schreck- und scheufrei". Die verbreitete Auffassung, dem jungen oder ängstlichen Pferd mögliche Angstauslöser zu ersparen, also Streßsituation zu vermeiden, führt auf Dauer nur zu einem unsicheren Kandidaten, der seinen Reiter immer wieder in Schwierigkeiten bringt.

Ruhiger, entspannter, aber auch etwas verschlafener Ausdruck.

Ruhig, jedoch nach hinten orientiert –
der Punkt für Aufmerksamkeit des Pferdes liegt hinter ihm.

Setzen Sie Ihr Pferd stattdessen gezielt Streßsituationen aus und zeigen, daß ihm nichts passieren kann, wenn es Ihnen vertraut.

Das Aussacken des Pferdes ist eine solche Abstumpfungs-Therapie.

Das Pferd wird am Boden mit allen möglichen Decken, "Säcken", knisternden Planen, flatternden Bändern etc. berührt. Sie werden ihm auf den Rücken, vor die Füße oder übergeworfen, und schließlich auch über den Kopf gezogen (etwa in dieser Reihenfolge).

Später können sie damit longiert werden. Als Vorbereitungsprogramm fürs erste Satteln ist diese Methode unübertroffen.

Lassen Sie das Pferd ruhig zappeln und mit angstgeweiteten Augen um Sie herumspringen – unterbrechen Sie jedoch, bevor Sie Angst haben müssen, daß Sie es nicht mehr kontrollieren können – und beginnen wieder, wenn die schlimmste Aufregung sich gelegt hat. Beruhigen Sie Ihr Pferd dabei mit der Stimme. Nehmen Sie unter Umständen am Anfang eine Führkette zur Hilfe, um das Pferd daran zu hindern, Ihnen den Führstrick durch die Hand zu ziehen und auf und davon zu laufen.

Irgendwann wird sich das Pferd beruhigen und stehenbleiben. Loben Sie es und schicken es zum

Entspannen und "Nachdenken" auf die Koppel.

Wenn das Pferd sich nicht mehr aus der Ruhe bringen läßt, steigern Sie die "Gefährlichkeit" in weiteren Arbeitsabschnitten mit klappernden Dosen in den Säcken, Luftballons oder Regenschirmen, die Sie über seinem Rücken aufspringen lassen.

Gezielte Trailübungen mit Flattertoren, glitzernden oder schwankenden Untergründen, über die das Pferd laufen soll, sind die Fortsetzung dieses Abstumpfungsprogrammes. Es geht darum, daß das Pferd seine Angst bewältigt und

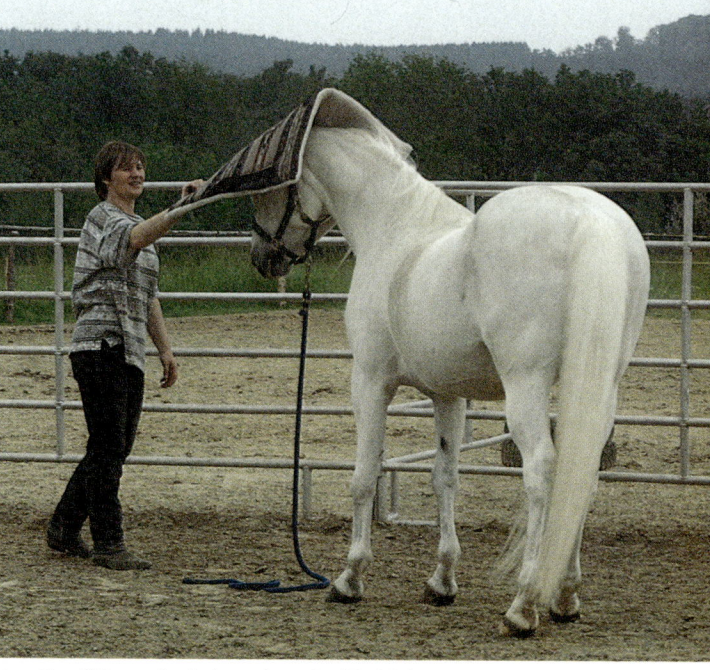

Mit diesem Pferd ist nicht zu spaßen, seine Laune ist auf dem Tiefpunkt – provozieren Sie es nicht.

Angstbewältigung durch Aussacken; das Pferd läßt sich nicht aus der Ruhe bringen.

dem Menschen auch in Streßsituationen zu vertrauen lernt. Zusätzlich bekommt das Pferd auch Vertrauen in seine eigenen Fähigkeiten – es entwickelt Selbstbewußtsein durch die Ausbildung. Nach dem Motto: "Mein Mensch verlangt nichts, was ich nicht kann" können Sie schließlich alles Mögliche von Ihrem Pferd verlangen.

Sie haben damit ein Verlaßpferd erzogen, dem Sie als Reiter vertrauen können.

Ausweg lassen

Lassen Sie dem Pferd ein Schlupfloch. Besonders bei Übungen, vor denen das Pferd Angst hat, sollten Sie Ihrem Pferd immer ein "Hintertürchen" offenlassen, aus dem es sich verkrümeln kann.
Setzen Sie das Pferd zu sehr unter Druck und es sieht keinen Ausweg, so reagiert es schlimmstenfalls panisch; und eine Panikreaktion haben Sie nicht mehr unter Kontrolle, ganz abgesehen mal von der Verletzungsgefahr.

Aber auch ohne unkontrollierbare Reaktion seitens des Pferdes gilt: Wenn Sie Ihr Pferd zu sehr "zwiebeln", wird es den Spaß an der Arbeit mit Ihnen verlieren und Sie nur als einen unnötigen "Störfaktor" betrachten, dem man am besten aus dem Wege geht. Sie berauben sich dann der freiwilligen Mitarbeit des Pferdes.
Angenommen, Sie wollen Ihr Pferd an der Hand rückwärts durch einen schmalen Gang bugsieren. Engstellen bereiten dem Fluchttier Pferd immer deutliches Unbehagen,

*Angstbewältigung: Das Pferd zeigt deutliche
Anzeichen von Angst; der Kopf ist alarmiert gehoben.*

*Die Neugier siegt: der Regenschirm wird als
ungefährlich eingeordnet.*

weil sie seine Bewegunsgmöglichkeiten und damit seine Fluchtbereitschaft beschneiden. Gehen Sie deswegen nicht zu dicht an Ihr Pferd heran, sondern arbeiten Sie auf Distanz – schicken Sie es rückwärts weg. Ist die Angst vor der Enge zu groß, wird sich das Pferd eine Weile zieren und immer mal wieder einen Schritt nach vorne machen. Diese Möglichkeit (diesen Ausweg) muß es haben, ohne daß Sie ihm als Respektsperson, an der es ja nicht vorbeidarf, im Wege stehen. Sonst kann es Ihnen passieren, daß Sie das

Pferd – aus Angst – überrennt bzw. die Flucht nach vorn antritt und sich an Ihnen vorbeidrückt und Sie dabei anrempelt. Die Angst war größer als sein Respekt vor Ihnen. Lassen Sie sich hingegen genug Zeit und genug Abstand zwischen sich und dem Pferd, wird es schließlich Ihrer Forderung nachgeben und seine Angst überwinden. Diese Angstüberwindung des Pferdes hat einen enorm positiven Einfluß auf das Verhältnis zwischen Ihnen und Ihrem Pferd. Das Pferd ist erleichtert, daß es durch die "gefährliche

Situation" heil durchgekommen ist. Sein Vertrauen zum Menschen ist größer geworden – es merkt "Mein Mensch" schickt mich nicht ins Verderben.
Wollen Sie jedoch so eine Übung forcieren, (weil Ihnen die Zeit wegläuft oder die Geduld ausgeht) und das Pferd kommt mit seiner Angstreaktion durch, so bedeutet das einen massiven Vertrauensverlust. Das Pferd merkt sich, daß seine Respektsperson nachgegeben hat – daß seine Angst vor der Übung also scheinbar "berechtigt" war.

Just for Fun

Leistung und Lernen

ohne Erfolgsdruck.

Spieltrieb und Neugier des

Pferdes wurden bereits

erwähnt.

Beides kann der Mensch

neben dem Dominanz-

training nutzen, um sich

und dem Pferd Spaß an der

Arbeit zu verschaffen und

zu erhalten.

Nichts langweilt ein Pferd

mehr, als wenn es stupide

tagaus tagein die gleichen

Lektionen in der Bahn

abzirkeln muß.

SINN IN DER ARBEIT

Eine Aufgabe

Geben Sie den Pferden eine neue Aufgabe, wenn sich Lustlosigkeit bei der Arbeit einstellt.

Zwar ist es nötig, im Training eines Pferdes eine bestimmte Reihenfolge einzuhalten, wie sie durch seine Anatomie und seine Psyche vorgegeben sind, um es nicht zu überfordern. Die Reihenfolge mit ihren natürlichen Haupt-Abschnitten Gleichgewicht unter dem Reiter entwickeln und festigen, Rücken entspannen, Hinterhand aktivieren, Biegen und Versammeln, Minimieren der Hilfen ist jedoch nur eine

Richtlinie und hauptsächlich dafür gut, das Pferd nicht zu überfordern und dem Wichtigsten, nämlich der Losgelassenheit und der aktiven, tragenden Hinterhand oberste Priorität einzuräumen.

Viele andere Übungen können eingearbeitet werden, um die Arbeit abwechslungsreich zu gestalten – und um aktuellen Problemen zu begegnen bzw. das Pferd von ihnen abzulenken.

Die Cowboys hatten und haben es da einfacher – Sie trainieren ihre Pferde auf die Rinderarbeit und arbeiten dann auch mit ihnen. Die Pferde haben eine Aufgabe und langweilen sich nicht beim "Trockentraining" von immer gleichen Lektionen.

Lernen Sie von denen, für die das Pferd ein Arbeitshelfer ist und lassen Sie sich Aufgaben und Varianten

Arbeitspferde haben eine Aufgabe.

von Übungen, die das Pferd schon beherrscht, einfallen, mit denen Sie das Interesse der Pferde erhalten.

Es gibt Pferde, die begeistert einen großen Gymnastik-Ball vor sich herrollen. Machen Sie ein Geschicklichkeitsspiel daraus und versuchen, den Ball über einen bestimmten Kurs zu rollen – das Pferd wird willig Ihren Hilfen folgen, denn es sieht einen Weg vor sich.

Andere sind die geborenen Show-Talente, sie lernen die Referenz spielend und legen sich auf Kommando hin (beides kann gut aus den Übungen der Bodenarbeit entwickelt werden).

Hindernisse, wie Stangen und Planen, simulierte Brücken oder Labyrinthe am Boden, fördern die Aufmerksamkeit und die Koordination. Zudem bringen sie das Pferd dazu, den Kopf zu senken und so den Rücken zu entspannen. Die auch bei der Ausbildung von Springpferden beliebte Cavalettiarbeit ist besonders gut geeignet, im Trab und Galopp Koordination, Aufmerksamkeit und Rückenarbeit zu verbessern. Beginnen Sie im Schritt und legen Sie die Stangen ruhig auch einmal unregelmäßig. Steigern Sie Gangart und Anzahl der Stangen langsam. Achten Sie aber im Trab und Galopp darauf, daß sie "passend" liegen (also daß die Abstände zwischen den einzelnen Stangen der Länge des Trabtrittes oder des Galoppsprunges entspricht).

Kleine Sprünge, die den meisten Pferden Spaß machen, können Ihnen zusätzlich helfen, die

Selbständige Arbeit ist gefragt – das Pferd kennt seine Aufgabe.
So schnell, wie es beim Cutting reagiert, könnte der Reiter die Hilfen nicht geben.

Hinterhand des Pferdes zu aktivieren – auch im Westernsattel.

Orientierungshilfen

Geben Sie dem Pferd Orientierungshilfen. Richten Sie vor einer begrenzenden Stange seitwärts (später auch über eine Stange), reiten Sie um sichtbare Mittelpunkte herum, wenn Sie Zirkel oder Volten in Angriff nehmen. Das hilft nicht nur dem Pferd, sondern auch Ihnen, weil Sie durch das Hinschauen auf den Mittelpunkt automatisch richtig sitzen (die Kopfdrehung setzt Sie auf den inneren Gesäßknochen). Die begrenzende Bande hilft beim Geraderichten und bei den Seitengängen.

Relative Freiheit

Reiten Sie das Pferd ruhig mal ohne Sattel oder nur mit einem Halfter und einem Führstrick und probieren Sie aus, wie gut es Sie auch ohne Gebiß im Maul respektiert und auf Ihre Hilfen reagiert. Besonders als Test für die Minimierung der Zügelhilfen ist das Reiten mit Halfter gut geeignet. Benutzen Sie den Strick mal außen als "indirekten Druckzügel" und mal innen als "direkten Stellungszügel". Jedes Pferd kann so geritten werden – und sei es nur im Schritt oder im sicheren Roundpen, wenn Sie sich mehr nicht zutrauen. Das Gleiche gilt für das Reiten mit Halsring.

So mancher Westernreiter reitet sein Pferd im Roundpen am Halfter (aber meist mit Sattel) ein, um es nicht im Maul (und damit im Gleichgewicht) zu stören, sollte es mal stolpern oder

"Western-Romantik" kann nur entstehen, wenn der Reiter sich auf seinen "Pferdepartner" verlassen kann. Eine gute Ausbildung für Pferd und Reiter ist Voraussetzung für streßfreies Reiten in der Natur.

Abwechslung bei der Arbeit mit dem Pferd: Entspanntes Bummeln im Gelände....

einen Buckler machen. (Dazu sollte es vorher jedoch an der Longe gelernt haben, auf Stimme anzuhalten.)

Reiten auf dem ungesattelten Pferd am Halfter zeigt Ihnen, wie friedlich die meisten Pferde mit einer vernünftigen Erziehung eigentlich sind, wenn Sie den Reiter als den anerkannt haben, der das Sagen hat. Ohne Sattel ist eine direkte Einwirkung mittels Ihres Gewichtes möglich. Zudem können Sie kontrollieren, ob Sie Ihre Gewichtsverlage-

rung nicht übertreiben. Legen Sie sich zu sehr auf die Seite, fallen Sie herunter, da Sie kein Steigbügel auffängt. Sie bekommen ein besseres Gefühl für die Pferdebewegung und entwickeln ein besseres Gleichgewicht.

Provozieren Sie jedoch bei den ersten Versuchen keine Schwierigkeiten und keinen Ungehorsam. Schließen Sie die Tür zur Reitbahn und sehen Sie zu, daß Sie genug Platz haben und nicht anderen Reitern in die Quere kommen. Und

vor allem hegen Sie keine Befürchtungen, daß Ihr Pferd Sie vielleicht nicht respektieren könnte. Diese Unsicherheit spürt Ihr Pferd und nimmt sich vielleicht die eine oder andere Frechheit heraus.

Die Reitübungen am Halfter zeigen Ihnen auch deutlich, daß es zur reinen Kontrolle des Pferdes keinerlei scharfe Zäumung braucht. Stops, Drehungen, Wendungen – alles funktioniert auch ohne Verschnürungen durch Hilfszügel und ohne ein mittleres Eisenlager im Maul des

... oder die Arbeit ohne Sattel und Trense.

Pferdes. Das Reiten auf Bosal hat seinen Ursprung in dieser Erkenntnis.

Wenn das Pferd Lektionen mit Sattel und Trense sicher und problemlos ausführt und ohne Sattel am Halfter nicht mehr, so überprüfen Sie, ob Sie Ihr Pferd nicht doch mit zuviel Druck reiten oder ob Ihr Pferd Sie auch hundertprozentig ernst nimmt.

Reiten Sie spaßeshalber Pole-Bending oder Barrel-Race oder auch eine Reining-Aufgabe nur mit Halfter und einem Strick. Üben Sie Trailhindernisse auf die gleiche Weise. Sie merken dabei ganz schnell, wo Ihre Kommunikation mit dem Pferd nicht gut funktioniert.

Timing

Setzen Sie sich bei der Arbeit mit dem Pferd kein starres Zeitlimit. Manchmal dauert es zwei Stunden, bis sich das Pferd überzeugen läßt, eine angstbesetzte Übung zu absolvieren.

An anderen Tagen können Sie nach 10 Minuten aufhören und abstei-

gen, weil etwas auf Anhieb geklappt hat, an dem sie womöglich schon eine Weile mit Teilerfolgen herumbasteln. Belohnen Sie dann Ihr Pferd mit dem Beenden der Arbeit und denken Sie nicht, daß sich dafür das Satteln ja kaum gelohnt hätte. Der Lernerfolg ist immens, wenn Sie nach einem Erfolg aufhören. Das Gelernte "setzt" sich einfach besser, wenn erst einmal nichts Neues ablenkend hinterher kommt.

Andererseits kann es sinnvoll sein, nicht bis zum Überdruß an einer neuen Übung herumzudoktern, wenn so gar nichts gelingen will. Vielleicht ist Ihr Pferd einfach noch nicht soweit. Bevor Sie es sauer machen, wandeln Sie die Übung ab in eine Richtung, die es bewältigen kann und geben sich mit diesem Teilerfolg zufrieden. Setzen Sie eine Übung, die das Pferd gut kann, an den Abschluß der Arbeit und lassen Sie es für diesen Tag dabei bewenden. Neuer Tag – neues Glück.

Bedenken Sie, wie häufig Sie selbst einen Knoten im Kopf (und in den Beinen/Armen/Händen) haben, wenn Sie z.B. eine neue Sportart lernen. Wenn es der Trainer vormacht, sieht alles so einfach aus – und trotzdem können Sie es nicht nachmachen. So geht es oft auch dem Pferd – es kann sich (noch) nicht so koordinieren, wie Sie denken. Beim fliegenden Wechsel macht es sich einen Knoten in die

Außen-Galopp und das Pferd springt Ihnen dabei nach innen um, ist das zwar ein Ungehorsam für die Lektion des Außengalopps, es hat damit aber seinen vielleicht ersten fliegenden Galoppwechsel unter dem Reiter ausgeführt. Es hat Ihnen den Wechsel angeboten und Sie können ihn nun weiterentwickeln – oder auch nicht. Aber strafen Sie das Pferd auf keinen Fall für diesen "Ungehorsam" des Umspringens, wo es doch eigentlich im Außengalopp hätte bleiben sollen.

Es gibt Pferde, die bieten Ihnen den spanischen Schritt schon an, wenn Sie sie mit der Gerte an der Schulter leicht berühren. Andere stehen, ohne daß ihnen das explizit beigebracht worden wäre, vorbildlich in bester Spin-Manier auf dem inneren Hinterbein, wenn Sie eine einfache Hinterhandwendung ansetzen.

Testen Sie aus, was das Pferd gerne tut und ziehen Sie solche Übungen vor. Vom Pferd ungeliebte Übungen sollten Sie dagegen zwar fordern und trainieren, soweit Sie für Biegung und Versammlung notwendig sind – Sie sollten sich jedoch nicht daran festbeißen und das Pferd nur noch mit solchen Lektionen nerven. Die ungeliebten Übungen sind nicht unbedingt solche, vor denen das Pferd Angst hat, sondern solche, die ihm aufgund seiner körperlichen Leistungsmerkmale schwer fallen. So gibt es "Trab-Pferde" und "Galopp-Pferde". Den

Füße, beim Spin verliert es das Gleichgewicht und beim Stop braucht es zusätzlich die "Vorderradbremse", weil es seine Hinterhand allein noch nicht schafft, die Bewegungsenergie abzufangen. Auch, wenn jedes junge Pferd auf der Koppel all diese Manöver "spielend" ausführt – mit Ihrem Gewicht obendrauf kann es das nicht mehr so einfach.

Angebote annehmen

Lassen Sie sich also Zeit und fordern nicht zu viel auf einmal. Viele Pferde zeigen Ihnen, wann sie für eine Lektion bereit sind – sie bieten sie Ihnen gleichsam auf dem Präsentierteller an.

Sie als Reiter müssen das Angebot nur noch annehmen. Angenommen, Sie reiten z.B. eine Weile im

Trab-Pferden fällt anfangs oft der Galopp an sich schwer und sie bieten ihn auch nicht von sich aus an. Ein Galopp-Pferd hingegen wird schon früh beim Anreiten dem Reiter den Galopp anbieten und sich später gymnastizierenden Trablektionen auch eher durch Angaloppieren nach vorne entziehen wollen. Trabpferde sind deswegen leichter im Trab, Galopp-Pferde leichter im Galopp zu lösen. Manche Pferde sind prinzipiell leicht zu versammeln, weil sie gut "unter sich stehen"– andere dagegen haben viel Vorwärtsschub und quälen sich etwas mit stärkerer Versammlung. Diese Pferde brauchen mehr Zeit, bis der Reiter sie "setzen" kann.

Es gibt unter den Pferden ausgesprochene Athlethen, die kaum Koordinationsschwierigkeiten haben – andere sind "Bewegungs-Idioten", die sich ständig einen Knoten in die Beine machen. Passen Sie als Reiter Ausbildungsstufen und Ausbildungszeit diesen unterschiedlichen Gegebenheiten an. Es gibt nichts Schlimmeres, als auf eine bestimmte Prüfung hinzuarbeiten und dann festzustellen, daß das Pferd bestimmte dafür nötige Einzellektionen nicht (oder noch nicht) begriffen hat. Das führt meist zu einem ungeduldigen Reiter, der das Pferd dann mit unerfüllbaren Forderungen nervt und schließlich damit arbeitsunwillig macht. Sinnvoller ist es, wenn man sein Pferd

Koordinationstraining über Stangen.

auf Turnieren vorstellen will, zu schauen, was es anbietet und was es gerne macht – und dann Training und Turnierprüfung daraufhin zu wählen. Es ist eben nicht jeder ein "Reiner" und nicht jedes Pferd hat die Ruhe und Vorsicht für einen richtig guten Trail.

Diese Ausführungen sollen jedoch nicht dazu verleiten, aus jedem Pferd einen Fachidioten für Spezialprüfungen zu machen. Sie sollen

nur helfen, das Pferd in den Lektionen zu fördern, die ihm liegen – ohne sein gesamtes Potential dabei außer acht zu lassen. Eine möglichst vielseitige Allroundausbildung hat noch keinem Pferd geschadet. Das Reiningpferd kann durchaus Trail gehen – wenn vielleicht auch nur zuhause. Und das Trailpferd mit Lieblingsgangart Trab lernt vielleicht so ganz nebenbei, zu piaffieren.

Natural Equipment

Ausrüstung für Arbeits-

und Geländepferde.

Einfach und zweckmäßig –

diese Kriterien sollten

oberste Priorität bei der

Auswahl der Ausrüstung

haben.

Viel Schnickschnack wird in

der wachsenden

Reitindustrie angeboten,

der oft nur von den

mangelnden Kenntnissen

dessen zeugt, der ihn

benutzt.

EINFACH

Was wird den Pferden nicht alles ins Maul gelegt oder an den Kopf geschnallt, um sie daran zu hindern, das Maul aufzusperren oder den Kopf hochzunehmen, sich auf den Zügel zu legen oder durchzugehen. Die Abhängigkeit von Hilfszügeln und Spezialgebissen stellt jedoch dem Reiter, der sie ständig benutzen muß, ein Armutszeugnis aus. Wie in den vorangegangenen Kapiteln

Verzierungen am Kopfstück sind schön – haben aber keinerlei Einfluß auf den Gebrauchswert.

sicher klargeworden ist, ist es die Persönlichkeit des Menschen, die das Pferd dazu bringt, ihm zu gehorchen. Damit das Pferd den Menschen als ranghoch anerkennt, muß dieser einige Eigenschaften haben (bzw. entwickeln, wenn er sie nicht hat): z.B. Ruhe, Geduld, Gefühl, Sicherheit, Autorität, Durchsetzungsvermögen, Konsequenz. Fehlen ihm diese Eigenschaften, so kann er sein Pferd auch nicht beherrschen, wenn er es wie ein Päckchen zusammenschnürt. Das Pferd wird Sie nie richtig respektieren, wenn Sie sich von Ihrer Ausrüstung abhängig machen, statt sich um Ihre "Weiterbildung" in Sachen Dominanz und Einfühlungsvermögen zu kümmern.

Weniger ist mehr

Was also brauchen Sie, wenn Sie den natürlichen Weg gehen wollen?

Sattel

Da wäre erst einmal der Sattel als Schaltstelle zwischen Ihrem Allerwertesten und dem Pferderücken. Sie können Ihr Pferd auch ohne Sattel reiten – und sollten das auch hin und wieder tun, wie im vorigen Kapitel ausgeführt. Auf Dauer, für lange Strecken, für das Training von manchen Lektionen und bei Pferden mit hohem Widerrist ist das jedoch zu unbequem. Nicht nur für den Reiter, sondern auch für das Pferd.

Ein Sattel mit breiter Auflage, wie sie die Westernsättel alle haben, verteilt das Gewicht des Reiters besser auf dem Pferderücken; ein Reiter ohne Sattel drückt dagegen punktuell auf den Rücken des Pferdes, was für lange Strecken nicht so bequem ist. So weit so gut. Die große Auflagefläche ist ein Punkt, die weitere Paßform ein zweiter.

Wieviel Platz hat der Widerrist des Pferdes unter der vorderen Kammer? Wie eng oder weit ist sie; wird die Schulter des Pferdes zu stark eingezwängt? Liegt der Sattel zu weit hinten auf der Nierenpartie (bei großen Sätteln und kurzen Pferden), kippt er zu sehr nach vorne (bei Pferden mit wenig Widerrist und viel Bauch)?

Lassen Sie sich also ruhig eine Weile Zeit bei der Auswahl Ihres Sattels. Die meisten Pferde zeigen Ihnen, wenn ihnen der Sattel unangenehm ist – sie gehen verspannt oder holperig, wenn sie sich gestört fühlen. Um die Lage zu überprüfen, legen Sie den Sattel ohne Decke oder Pad auf den Pferderücken und schauen Sie, ob er irgendwo zu stark absteht. Dann gurten Sie an und schauen, ob Sie zwischen vorderer Kammer und Widerrist noch mindestens 2 - 3 Finger bequem schieben können – damit schließen Sie das Risiko des Satteldrucks weitgehend aus.

Da Pferderücken sehr unterschiedlich sind und sich auch noch durch Alter, Trainings-, Ausbildungs- und Futterzustand verändern, hat sich in den letzten Jahren der Wunsch nach einem flexiblen Sattel verstärkt, der diesen Veränderungen Rechnung trägt. Der Orthoflex-Sattel, der aus einem ausgeklügelten System von beweglich übereinander geschichteten Lederteilen besteht, ist ein Schritt in diese Richtung. Leider ist er durch seine vielen Einzelteile und die aufwendige Verarbeitung noch sehr teuer.

Einen interessanten Ansatz zur Schonung des Pferderückens und für die Bequemlichkeit des Reiters bieten manche Trekkingsättel, deren Sitz beweglich auf einem Untergestell aufgehängt ist. Der große Nachteil dieser Sättel ist, daß sie nicht für die Ausbildung des Pferdes taugen, weil besonders die Gewichtshilfen des Reiters zu stark abgemildert werden – sie kommen praktisch gefiltert auf dem Rücken des Pferdes an. Die Hilfengebung wird schwammig und indirekt. Fürs Gelände auf einem ausgebildeten Pferd kann ein solcher Sattel jedoch ganz bequem für beide Seiten (Reiter und Pferd) sein.
(Beim "Pony-Express" im amerikanischen Westen wurde ein ähnliches, jedoch wirklich zweiteiliges System benutzt. Das Pferd hatte den unteren Sattelteil und der Reiter den oberen, so daß beiden ihr Teil immer paßte.)
Nun muß der Sattel zwar in erster Linie dem Pferd passen, doch auch die Bequemlichkeit des

Korrekte Lage von Sattel und Zaum.

Reiters sollte nicht zu kurz kommen. Ist die Sitzfläche zu groß, "schwimmen" Sie auf Ihrem Sattel wie die sprichwörtliche Butter auf der heißen Kartoffel. Ist sie zu klein, fühlen Sie sich einge- zwängt. Bei beiden leidet der lockere Sitz.
Es gibt Sättel, deren Schwerpunkt weit hinten liegt – sie setzen den Reiter automatisch nach hinten, was im Zuge der durch die Ausbildung

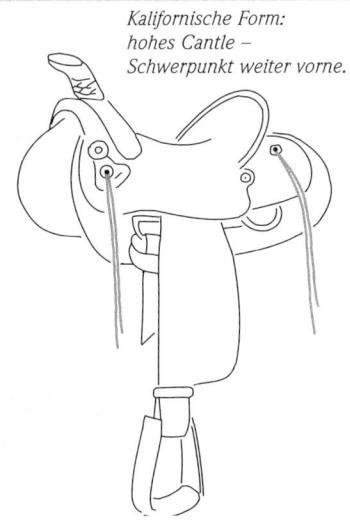

*Kalifornische Form:
hohes Cantle –
Schwerpunkt weiter vorne.*

*Texanische Form:
niedriges Cantle –
Schwerpunkt weiter hinten.*

angestrebten vermehrten Belastung der Hinterhand erst mal recht praktisch erscheint. Sie haben aber den Nachteil, daß sich dabei die Unterschenkel des Reiters vor der gedachten Ideallinie Schulter, Hüfte, Fußgelenk des Reiters befinden – das führt zu einem leichten Stuhlsitz, der bei vielen Westernreitern als durchaus richtig angesehen wird, weil er ein gewisses Maß an Stabilität und Sicherheit bringt. Im Stuhlsitz wird der Reiter jedoch unbeweglicher in der Wirbelsäule (deren Federwirkung ist weniger stark als im senkrechten Sitz), und er hat Schwierigkeiten, seine Unterschenkel weiter hinten zu plazieren, wenn es nötig ist. Diese beiden Nachteile machen sich besonders bei der Feinabstimmung im Training bemerkbar und sprechen gegen solche Sitzflächen.

Sättel mit Schwerpunkt etwa in der Mitte lassen dem Reiter die Entscheidung, wie er sitzen will. Er kann vorwärtsorientiert sitzen und den Rücken des Pferdes schonen (wenn das nötig ist), kann aber trotzdem seinen Schwerpunkt nach hinten verlegen, wenn Hinterhandarbeit angesagt ist. Und er kann seine Beine leichter gezielt plazieren.

Sättel im Westernstil werden mit und ohne Horn angeboten. Prinzipiell ist Horn oder nicht Horn reine Geschmackssache und hat auf die praktische Verwendbarkeit wenig Einfluß. Ohne Horn haben sie den Vorteil, daß der Reiter bequemer den leichten Sitz einnehmen oder springen kann. Auf Turnieren sind sie jedoch nicht zugelassen. Zudem kann auch der Geländereiter das Horn immer gut als Aufhänger für Kleinkram wie Kartentasche oder Ähnliches nutzen. (Auf viele stabile Haken und Ösen am Sattel sollte der potentielle Gelände- und Wanderreiter sowieso achten.)

Steigbügel

Steigbügel sind unentbehrliche Helfer für Bequemlichkeit und Sicherheit – und verursachen endlose Diskussionen hinsichtlich ihrer zweckmäßigen Form.

Für den arbeitenden Cowboy ist es oft sinnvoll, den Bügel nicht nur mit dem Fußballen aufzunehmen, sondern den Fuß bis zum Absatz hindurchzustecken, um genug Halt zu haben und den Bügel auf keinen Fall bei den rasanten Manövern in der Herdenarbeit zu verlieren. Bei Cutting- und Working-Cowhorse-Prüfungen sieht man die Reiter auch oft so sitzen. Dieses Durchstecken (welches immer mit dem leichten rückwärtsorientierten Stuhlsitz einhergeht) ist dann sinnvoll, wenn es wirklich rasant und temporeich zur Sache geht, das Pferd selbständig arbeitet und der Reiter ihm nur noch durch Impulse zu verstehen gibt, welches Rind denn nun gemeint ist. Der Reiter muß dann auch nur noch verhindern, daß ihn das Pferd mit seinen abrupten Stops und Wendungen, die es ja ohne seine Hilfe ausführt, aus dem Sattel wirft.

Fast kreisrunde, schwere Steigbügel aus lederüberzogenem Metall werden dabei gerne genommen. Deren Trittfläche ist oft gerundet.

Wenn Sie Ihr Pferd jedoch feiner abstimmen wollen, Trail, Western-Riding oder ähnliche Prüfungen bevorzugen, bei denen Sie Ihren Schenkeldruck gezielt plazieren müssen, um Vor- und Hinterhand des Pferdes zentimetergenau zu steuern, ist es nicht sinnvoll, seinen Fuß bis zum Absatz durch den Bügel zu stecken. Das macht den Unterschenkel unbeweglicher. Besser ist es dann, den Bügel mit dem Fußballen aufzunehmen. Eine gebogene Trittfläche, wie bei dem Arbeitssteigbügel, ist jedoch nicht bequem, wenn man den Bügel mit dem Fußballen aufnimmt. Man fühlt deutlich, wie der Fuß von beiden Seiten eingezwängt wird. Eine flache Trittfläche ist dabei vorzuziehen. Viel wichtiger ist jedoch die Sicherheitsleistung, die der Steigbügel erbringen muß. Keinesfalls sollte der Reiter mit dem gesamten Fuß nach vorne durchrutschen und so bei einem Sturz dort hängenbleiben können. Das bedeutet: zwar schwer und bequem, jedoch nicht zu hoch, so daß der ganze Fuß nicht durchpaßt.

oben: So kann man den Zügel am Sattel fixieren, wenn man ihn als Ausbinder verwenden möchte.
unten: Ausbinden am Zügel, um das Pferd daran zu gewöhnen, dem Zügeldruck nachzugeben bzw. den Zügel anzunehmen.

Guardian-Steigbügel mit Ihrem eingearbeiteten Korb sind sicherheitstechnisch noch besser geeignet als die Westernsteigbügel.

Den praktischen breiten Fender des Westernsattels, der das Reiterbein vor kneifenden Steigbügelriemen und vor dem Durchweichen mit Pferdeschweiß schützt, mit einem Guardian-Bügel zu kombinieren, ist jedoch kaum möglich.

Die Trense als Allround-Gebiß.

Maulschonend: Das Bosal.

Satteldecken/Pads

Satteldecken und Pads schützen den Sattel vor dem Pferdeschweiß und den Pferderücken vor dem Sattel – will sagen vor kleinen Unebenheiten im Sattel. Zusätzlich wirken dicke Pads nochmals als Puffer zwischen Reiter/Sattel und Pferderücken. Hier gilt wieder Ähnliches, wie oben. Für eine gezielte Einwirkung ist ein dünneres Pad besser, für lange Strecken ein dickeres.

Auf keinen Fall dürfen Decken oder Pads Falten schlagen. Ein Ausschnitt für den Widerrist ist praktisch, weil dann die Decke über dem Widerrist nicht spannt und immer wieder mühsam ausgekammert werden muß.

Sattelgurte

Sattelgurte sollten leicht sauberzuhalten sein und keine Haare einklemmen. Neoprengurte sind da

einem "stilechten" Gurt aus Baumwollschnüren oder denen aus Kunstfell vorzuziehen, stellen jedoch keine unbedingte Notwendigkeit dar.

Zäumungen

Hier könnte als Grundsatz gelten: Möglichst wenig Leder am Kopf des Pferdes und möglichst wenig Eisen im Maul. Das führt zur Reduzierung des Kopfstückes auf die wirklich

Für die Feinabstimmung: die Kandare.

So liegt die Kandare im Maul.

wichtigen Teile: Genickstück mit Stirnriemen oder Einohrriemen und Backenstücke, um das Gebiß oder das Bosal zu halten sowie die Zügel, um auf Nase oder Maul des Pferdes einwirken zu können.

Distanzriemen oder Kinnkette bzw. Kinnriemen werden schon nur noch fallweise gebraucht. Der Distanzriemen verhindert bei Pferden, die noch nicht sicher auf die Hilfen des Reiters reagieren, ein Durchziehen des Gebisses durchs Maul, wenn der Reiter zuviel mit der inneren Hand einwirkt. Die Kinnkette oder der Kinnriemen sichert die Hebelwirkung der Kandare. Ohne Kinnkette als Gegenlager wäre keine Hebelwirkung möglich. Bei angenommenem Zügel soll der Kandarenhebel einen 45°-Winkel zur Maulspalte haben.

Haben Sie keine Probleme, Ihr Pferd mit Gebiß auf minimale Hilfen zu reiten und wollen Sie nicht auf Kandare reiten, so brauchen Sie weder Distanzriemen noch Kinnriemen.

Nasenriemen, die dem Pferd das Maul zusperren sollen, sind gleichfalls überflüssig. Das Pferd macht das Maul nur auf, wenn ihm etwas nicht paßt – stimmt die Ausbildung, läßt es das auch wieder mit der Zeit, ohne daß Sie dazu irgendein Hilfsmittel außer Geduld und reiterliches Feingefühl brauchen.

Zügel sollten lang, schwer und handlich sein. Jedoch nicht so lang,

Bewegliche, lange Hebel bei einem Gebiß im kalifornischen Stil machen ein fein abgestimmtes Pferd noch feiner im Maul.

Benutzen Sie Sporen nur, wenn Sie sie bewußt einsetzen können, also wenn Ihre Unterschenkel ruhig genug sind.

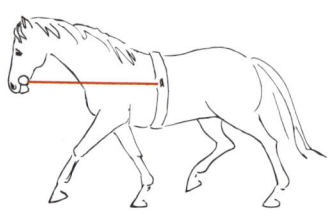

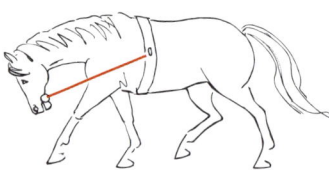

Die Wirkung des Ausbinders: Das Pferd muß das Gebiß annehmen, kann sich jedoch nicht strecken.

daß das Pferd Gefahr läuft, während der Arbeit draufzutreten und nicht so dick, daß sie schlecht und steif in der Hand liegen. Offene Zügel haben den Vorteil, daß sie leicht durch die Hand gleiten und mittels der Zügelbrücke leicht nachzufassen sind. Sind die Zügel zu kurz und zu leicht, besteht die Gefahr, daß sie dem Reiter aus der Hand rutschen und herunterfallen.

Ob Sie Ihr Pferd auf Trense (am besten doppelt gebrochen) oder auf Bosal reiten, spielt prinzipiell keine Rolle. Ihr Pferd zeigt Ihnen, was es lieber mag.

Wer einhändig reiten will, braucht dazu nicht unbedingt die Kandare. Will er sie benutzen, so muß sich das Pferd aber schon auf Trense am

angelegten äußeren (indirekten) Zügel lenken und auch biegen lassen. Die starre Kandare ist kein Instrument, bei dem der innere Zügel direkt eingesetzt werden soll, denn sie kippt dabei im Maul des Pferdes. Allenfalls eine gebrochene Kandare kann sowohl mit direktem und indirektem Zügel benutzt werden. Bei der Umstellung auf ein anderes /schärferes Gebiß müssen Sie jedoch vorsichtig zu Werke gehen. Empfindliche Pferde reagieren oft auf kleine Veränderungen im Maul schon sehr stark. Viele dieser Gebisse gibt es auch mit der Option, den einen oder den anderen Zügel oder auch beide zu benutzen.

Wollen Sie bei der einhändigen Zügelführung die geschlossenen kalifornischen Zügel mit Romal samt dem zugehörigen (sehr scharfen) Spade-Bit benutzen, so muß Ihr Pferd sehr fein eingestellt sein und Ihre Hand sehr ruhig und unabhängig. Andernfalls richten Sie Schaden im Pferdemaul an.

Bodenarbeit

Das Equipment für die Bodenarbeit ist ähnlich einfach:

Ein stabiles, nicht zu breites Halfter, welches nicht zu weit verschnallt ist, so daß es dem Pferd ins Auge rutscht, wenn Sie ruckartig daran ziehen und nicht so eng, daß es einen leichten Dauerdruck auf den Pferdekopf ausübt.

Ein langer Strick aus weichem, nicht zu steifen Material. Sie können das Ende Ihres Strickes benutzen und es dem Pferd vor der Nase schwenken oder kreisen lassen, um eine Ausweichreaktion zu erzielen.

Eine Longe ist sinnvoll, um das Pferd auf Distanz zu arbeiten und es vom Boden zu fahren. Die Longe sollte nicht aus Gurtmaterial bestehen, sondern, ähnlich wie der Strick, am besten rund geflochten und weich sein, so daß sie nicht so schnell Knoten und Schlingen bildet.

Zusätzlich ist eine Gerte, eine kurze, leichte Fahrpeitsche oder irgendein Gegenstand sinnvoll, der gut in der Hand liegt und der es einem erlaubt, das Pferd auf Entfernung zu arbeiten. Das kann auch eine kleine Flagge sein, mit der Sie wedeln und

dem Pferd die Richtung angeben. Bei rüpeligen Pferden kann eine Führkette sinnvoll sein, um ihnen gleich Manieren beizubringen und zu verhindern, daß sie sich Ihren Forderungen entziehen können.

Manchmal können Sie zum Longieren Ausbinder, ein Chambon oder einen Schlaufzügel verwenden, und damit ist die Grundausrüstung auch schon komplett.

Für den Reiter empfehlen sich weiche, aber stabile Lederhandschuhe, feste Stiefel, in denen er auch vernünftig laufen kann und evtl. ein paar Sporen, die zur Unterstützung des Schenkeldrucks eingesetzt werden können.

Eine Kappe oder ein Hut gegen Sonne und Regen sowie ein Regenschutz vervollkommnen die Reiterausrüstung.

Für Wanderritte und längere Geländetouren empfehlen sich Packtaschen und Sattelrolle (siehe nächster Abschnitt und Kapitel Outdoor).

Self made

Viele Dinge können Sie sich selber nach Ihren Wünschen anfertigen oder sie nach Ihren Angaben beim Sattler machen lassen, wenn Sie sie nicht in gewünschter Ausfertigung fertig zu kaufen bekommen.

Manche Ausrüstungsgegenstände müssen Sie auch vorbehandeln,

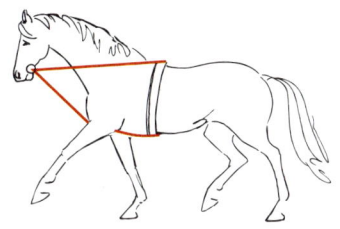

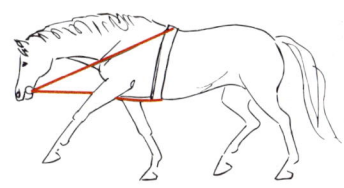

Der richtig verschnallte Schlaufzügel ermöglicht Aufrichten und Entspannen des Pferdes.

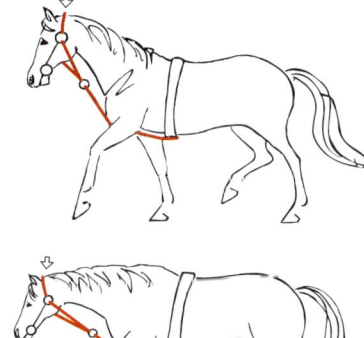

Die Wirkung des Chambons: Strecken ist möglich.

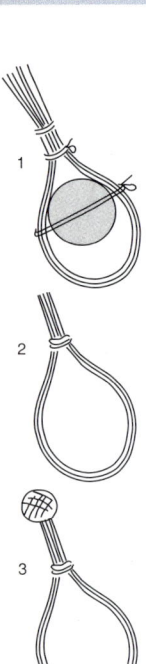

links: Abb. 1-5

Bosal mit Peddigrohr-Seele selbermachen.

(Peddigrohr ist härter als Leder – es verformt sich jedoch nach dem Vorformen nicht mehr und kann in der Größe jedem Pferd speziell angepaßt werden - ein Vorteil bei ungewöhnlichen Kopf-Proportionen.

1. Vorformen des nassen Peddigrohres.

2. Enden glatt abschneiden.

3. Knopf mit Hanfschnur ausformen – mit Holzleim fixieren.

4. Die getrockneten Rohrlagen mit wasserfestem Holzleim bestreichen und eng mit dünner Hanfschnur umwickeln (dabei sorgfältig Windung neben Windung legen, damit keine Wülste entstehen) oder mit Leder umflechten.

5. Nasenteil mit Kunstfell überziehen oder mit aus weicher, dicker Wolle gewebten Verzierungen überziehen.

rechts: Abb. 1-4 Knüpfen der Zügelschlaufe und des Leitseils aus der Mecate.

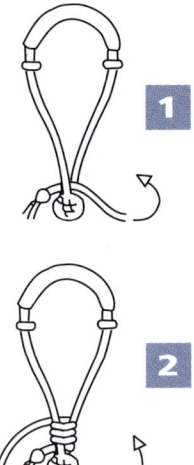

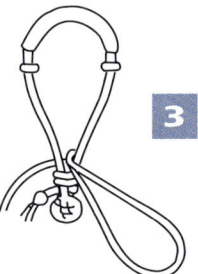

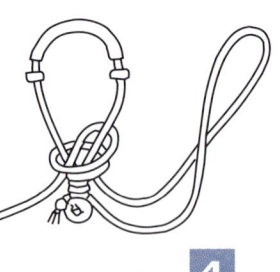

unten: Vorformen des Bosals.

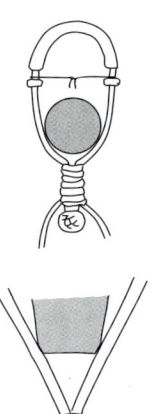

Das nicht geformte Bosal scheuert.

Das geformte Bosal läßt Platz für das Kinn.

bevor Sie sie benutzen können: So sollten z.B. die Steigbügel am Sattel ausgedreht werden, damit Sie Ihnen nicht dauernd vom Fuß rutschen. Ein Besenstiel oder eine Holzstange wird so in den nach außen verdrehten Steigbügeln fixiert, daß sie rechtwinklig zum Sattel stehen. Feuchten Sie die Fender etwas an, dann behalten die Steigbügel nach eini-

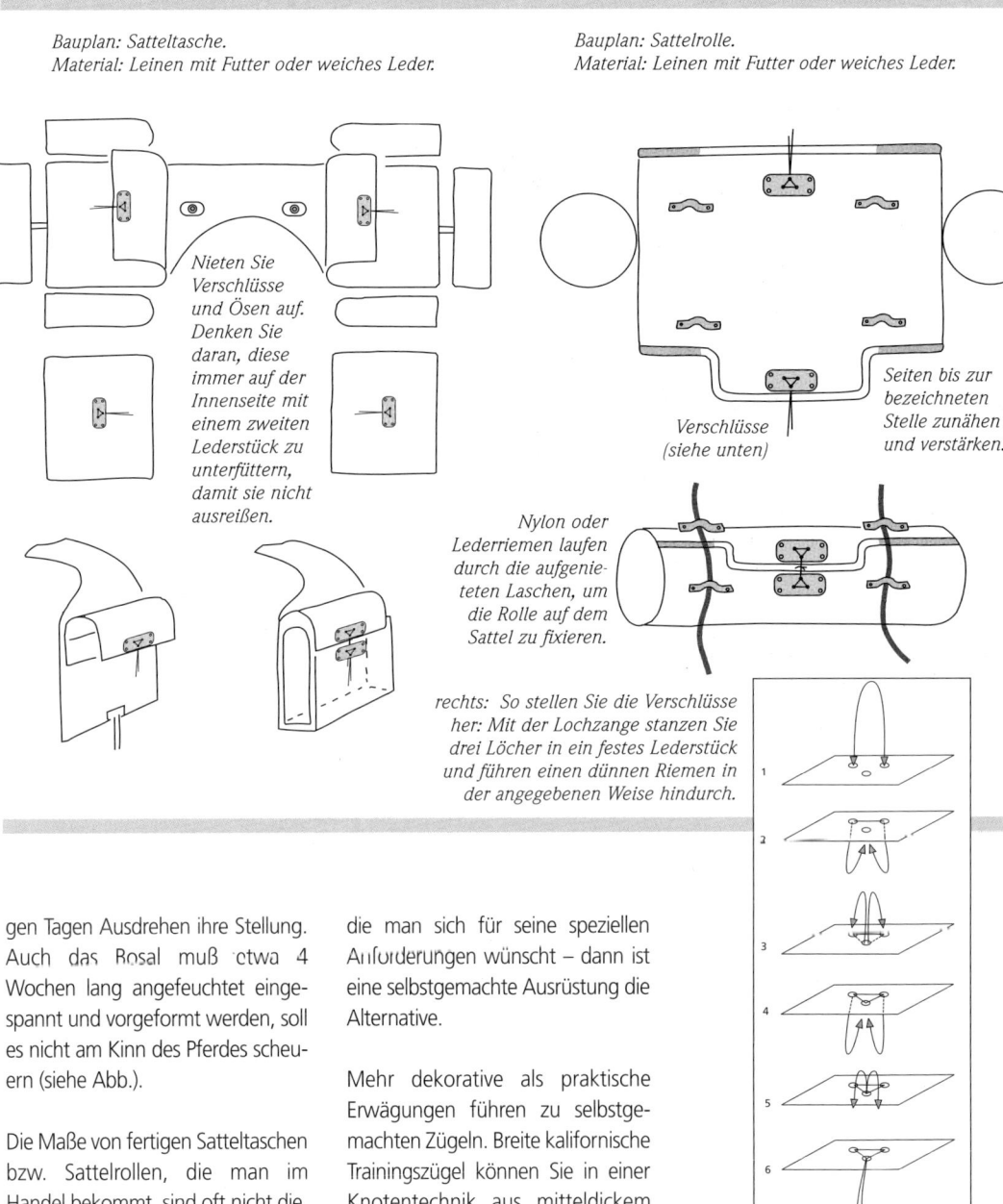

Bauplan: Satteltasche.
Material: Leinen mit Futter oder weiches Leder.

Bauplan: Sattelrolle.
Material: Leinen mit Futter oder weiches Leder.

Nieten Sie Verschlüsse und Ösen auf. Denken Sie daran, diese immer auf der Innenseite mit einem zweiten Lederstück zu unterfüttern, damit sie nicht ausreißen.

Verschlüsse (siehe unten)

Seiten bis zur bezeichneten Stelle zunähen und verstärken.

Nylon oder Lederriemen laufen durch die aufgenieteten Laschen, um die Rolle auf dem Sattel zu fixieren.

rechts: So stellen Sie die Verschlüsse her: Mit der Lochzange stanzen Sie drei Löcher in ein festes Lederstück und führen einen dünnen Riemen in der angegebenen Weise hindurch.

gen Tagen Ausdrehen ihre Stellung. Auch das Bosal muß etwa 4 Wochen lang angefeuchtet eingespannt und vorgeformt werden, soll es nicht am Kinn des Pferdes scheuern (siehe Abb.).

Die Maße von fertigen Satteltaschen bzw. Sattelrollen, die man im Handel bekommt, sind oft nicht die, die man sich für seine speziellen Anforderungen wünscht – dann ist eine selbstgemachte Ausrüstung die Alternative.

Mehr dekorative als praktische Erwägungen führen zu selbstgemachten Zügeln. Breite kalifornische Trainingszügel können Sie in einer Knotentechnik aus mitteldickem

Nylonseil selbst herstellen und nach Belieben mit Holzperlen verzieren. Unterwegs ist es sinnvoll, einfache Lederreparaturen ausführen zu können, wenn mal was kaputtgeht oder etwas vergessen wurde.

Sind Sie auf längeren Wanderritten unterwegs, sollten Sie immer einige dünne Lederriemen, eine Ahle oder dicke Stopfnadel, eine Lochzange und etwas Gewebeband dabei haben, um gerissene Zügel oder

ausgerissene Nähte schnell und sicher reparieren zu können.
Wie in den Abbildungen unten zu sehen, können Sie einen weichen gerissenen Zügel jedoch auch in der Schlitz-Technik flicken.

Verbindungen durch Schlitzen und Ineinanderstecken.

Verbindungen mit Lederriemchen.

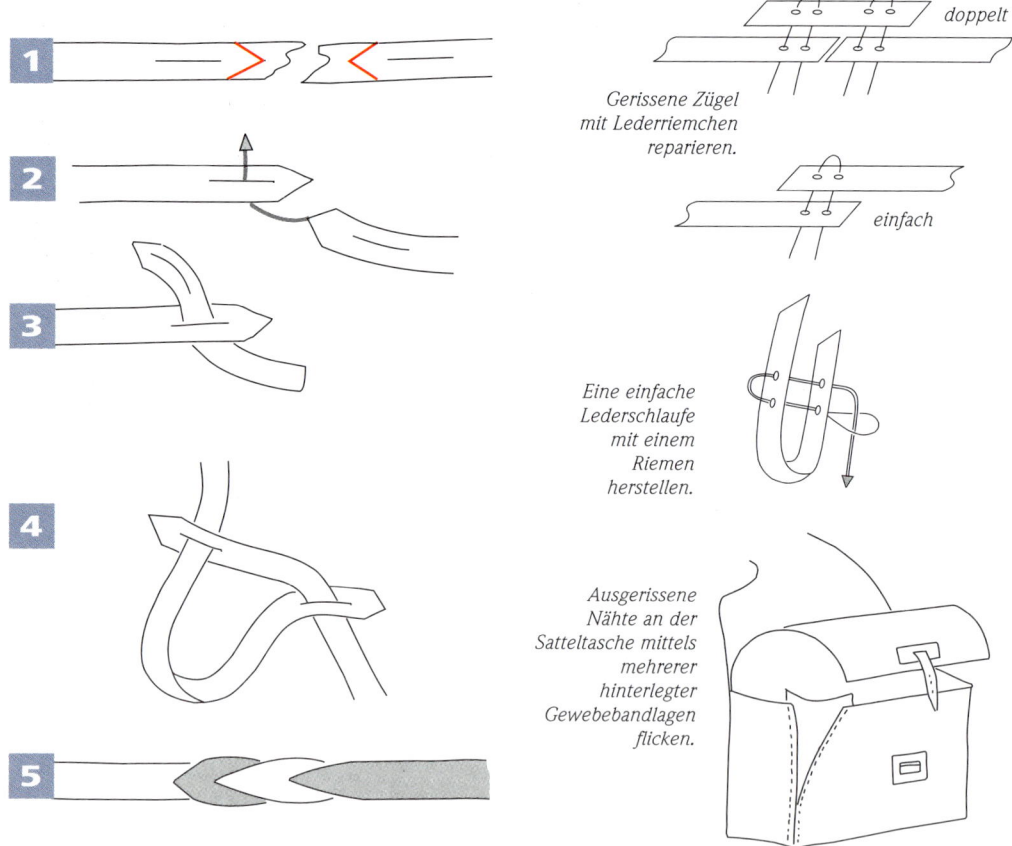

doppelt

Gerissene Zügel mit Lederriemchen reparieren.

einfach

Eine einfache Lederschlaufe mit einem Riemen herstellen.

Ausgerissene Nähte an der Satteltasche mittels mehrerer hinterlegter Gewebebandlagen flicken.

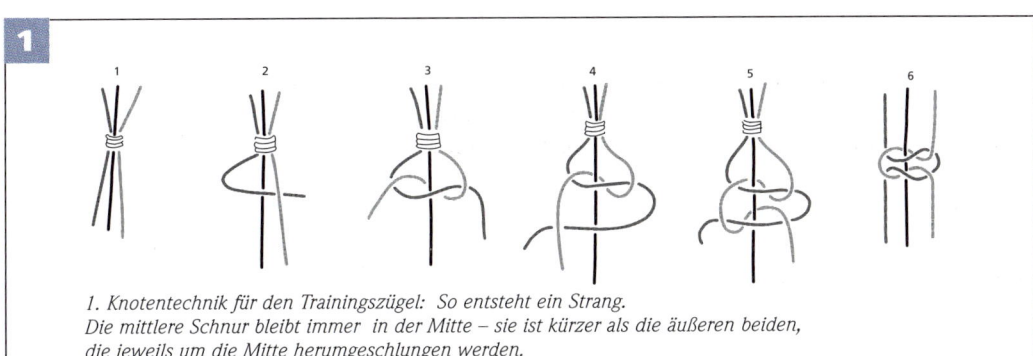

1. Knotentechnik für den Trainingszügel: So entsteht ein Strang.
Die mittlere Schnur bleibt immer in der Mitte – sie ist kürzer als die äußeren beiden,
die jeweils um die Mitte herumgeschlungen werden.

2. Stränge mit einer (evtl. kontrastierenden)
Zickzacknaht verbinden.

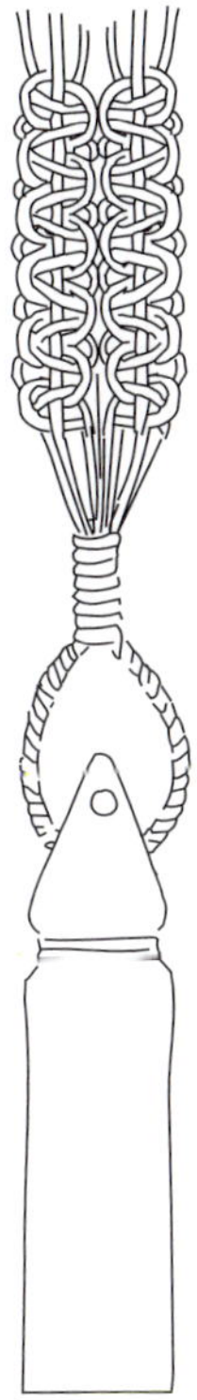

3. Hinteres Ende zu einer Schlaufe formen, Enden
ungleichmäßig abschneiden, damit keine Wülste entstehen, mit wasserfestem Holzleim bestreichen und mit
dickem Baumwollgarn umwickeln.
Die Schlaufe kann dann mit einem oben zusammenge-
nieteten doppelten Lederstreifen verziert werden.

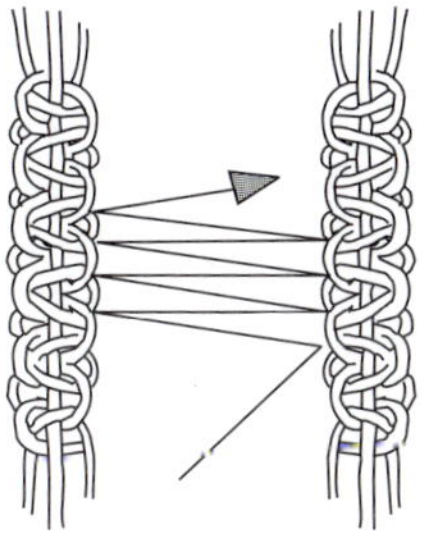

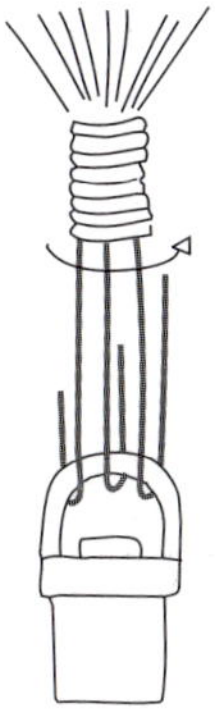

Wenn Sie
vor dem
Karabiner
Zierperlen
einarbeiten
wollen,
müssen Sie
die Schnüre
etwas
länger
lassen.

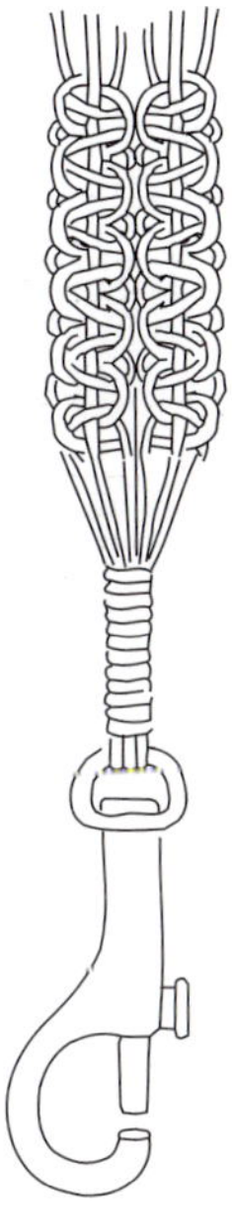

4. Vorne einen
Karabiner einhängen
und wie in 3.
umwickeln.

Outdoor

Unterwegs mit Pferden.

Gelände- und Wanderritte stellen an Pferd und Reiter gehobene Ansprüche. Natürliche Hindernisse wie Baumstämme, Gräben, Brücken, Bäche müssen überwunden werden. Ritte durch Ortschaften und an Straßen entlang stellen besondere Anforderungen an die Verkehrssicherheit der Pferde. Wohl dem, der seinem Pferd in solchen Dingen vertrauen kann.

SICHERHEIT

Sicher ist sicher

Fürs Bergauf- und Bergabreiten braucht es ein gutes Gleichgewicht des Reiter-Pferd-Paares. Die Kondition des Pferdes muß stimmen, damit es nicht unterwegs "schlappmacht". Es muß gut erzogen sein, damit man es überall anbinden kann. Es sollte E-Zaun respektieren, damit es auch in provisorischen Paddocks stehenbleibt. Und es sollte in ungewohnter Umgebung nicht unter Dauerstreß stehen, so daß es sich nachts auch gut erholt. Nur, wenn die Pferde in dieser Richtung gut geschult und vorbereitet sind, macht ein Wanderritt Spaß und endet nicht in kleineren und größeren Katastrophen.

Vertrauens- und Gehorsamsaufbau durch Dominanz- und Trailtraining, das Erreichen des natürlichen Gleichgewichts durch die Gymnastizierung und Konditionierung des Pferdes und ein ausbalancierter Sitz des Reiters sind die Grundvoraussetzungen für einen sicheren und harmonischen Ritt.

Packpferde

Wer ein Packpferd mitnehmen will, muß auch dieses vorher trainieren und auf seine Aufgaben vorbereiten. Das Reitpferd muß in diesem Fall gut mit einer Hand zu reiten sein. Reit- und Packpferd sicher zu kontrollieren, auch wenn es mal eng wird, oder an einer befahrenen Straße entlang geritten werden muß, ist nicht einfach. Sinnvoll ist es, das ranghöhere und mutigere Pferd

zu reiten, so daß nicht unter den Pferden Kompetenzstreitigkeiten und Rangeleien entstehen. Zudem folgt dann das rangniedrige Pferd ziemlich sicher sowohl Ihnen als auch dem Reitpferd. Das verhindert, daß sich das Packpferd in einer angsterzeugenden Situation losreißt.

Die Trail- und Dominanzübungen an der Hand bilden eine solide Grundlage für das Training des Handpferdes. Es lernt dadurch, auch auf Distanz den Forderungen des Menschen Folge zu leisten.

Der Sitz des Packsattels muß auf kürzeren Trainingsritten überprüft werden, damit kein Druck entsteht. Gute Packsättel sind im übrigen Mangelware. Auch das Bepacken will gelernt sein, denn das Pferd muß auf beiden Seiten gleichviel Gewicht tragen, um sich mit dem "toten Gewicht" des Gepäcks ausbalancieren zu können. Zudem soll das Gewicht dem Pferd weder auf die Nierenpartie drücken noch soll es auf der Schulter hängen. Es darf zudem nicht verrutschen – ein gutes Verschnürungssystem, am besten gleich mit einer Plane als Regenschutz, ist also angesagt. Schlecht plaziertes und befestigtes Gepäck ist für das Pferd noch unangenehmer als das "lebendige" Gewicht eines schlecht im Gleichgewicht sitzenden Reiters, weil es die Bewegung nicht mitmacht. Gepäck ist nur "tote, träge Masse"; der schlecht sitzende Reiter ist teil-

Handpferdreiten will gelernt sein.

weise "träge Masse", der ausbalanciert sitzende Reiter unterstützt dagegen die Bewegung des Pferdes. Das bedeutet auch, daß ein Packpferd nicht mit über 60 kg beladen werden sollte, obwohl ein Reitpferd einen 80kg schweren Reiter durchaus auf Dauer tragen kann.

Straßen

Unterwegs auf Straßen, die leider nicht immer zu vermeiden sind, gilt die Straßenverkehrsordnung. Reiter gelten nicht als Fußgänger – dürfen sich also auch nicht auf Bürgersteigen bewegen, sondern reiten auf der Straße – ähnlich einem Radfahrer. Rechnen Sie dabei als Reiter immer mit der Unvernunft von Autofahrern, die sich keine Vorstellung davon machen, daß ein Pferd erschrecken könnte und manchmal munter draufloshupen oder extrem dicht an einem Pferd vorbeibrausen. Im Ort ist es deswegen manchmal besser, Verkehrshindernis mitten auf der Fahrspur zu spielen, statt sich an den Rand der Straße zu drücken und damit riskante Überholmanöver zuzulassen. (Das gilt jedoch nicht für Landstraßen mit schnellem Verkehr, auf denen der Reiter sich rechts halten sollte und evtl. zur Sicherheit den Standstreifen benutzen kann.)

Will eine größere Gruppe von Reitern eine Straße überqueren, sollte sie dies gleichzeitig tun und nicht weit auseinandergezogen. Erstens ist eine solche Gruppe von den Autofahrern besser zu sehen und kann notfalls von einem Reiter abgesichert werden, indem er den Verkehr anhält. Zweitens sind die Pferde in der Gruppe ruhiger und es besteht nicht die Gefahr, daß ein Nachzügler durch den Verkehr von den Kollegen auf der anderen Seite abgetrennt wird und die Nerven verliert, weil er dringend hinterher will. Bei Dunkelheit ist eine Beleuchtung (Stiefellampen, Reflektoren, Leuchtgamaschen) wichtig, um von Autofahrern rechtzeitig gesehen zu werden.

Das Lagerleben

Was wäre ein Wanderritt ohne die Rastplätze an einem idyllischen Waldsee oder auf einer romantischen Lichtung. Lagerfeuerromantik wie im wilden Westen. Mit Kaffee aus Blechtassen und dicken Bohnen aus dem Blechnapf. Keine Frage – wo ein solches Lager, ob mittags oder für die Nacht, möglich ist, macht es einen erheblichen Anteil des Reizes der Tour aus. (Achten Sie jedoch auf die Bestimmungen des jeweiligen Landes – in Deutschland ist es eigentlich nicht erlaubt, im Wald zu übernachten oder Feuer zu machen, und Sie sollten sich auf die Outdoor-Mittagsrast beschränken und nachts die Pferde bei einem Bauern unterstellen.)

Für Mittagsrasten gilt: einfach und unaufwendig. Kleines, kaltes Picknick für die Reiter, Pferde absatteln, tränken und fressen lassen. Bei Pferden, die sich gut verstehen, kann eine kleine Behelfskoppel aus

Mittagsrast: Die Pferde sind an einem gespannten Seil angebunden.

Der Bowline- oder Palstek (gesteckt).

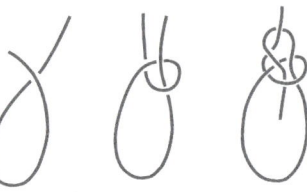

Der doppelte Bowline.

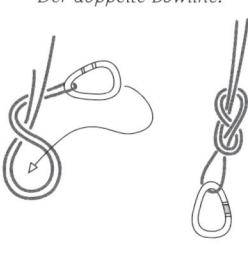

Orientierung im Gelände.

einem langen Seil oder einem breiten E-Band (das hat weniger Gewicht), welches um vier Bäume gespannt wird, gebaut werden. Dort können die Pferde sich ungehindert bewegen, fressen und sich auch einmal wälzen.

Die zweitbeste Lösung (bei unverträglichen oder futterneidischen Pferden oder mangels passend stehender Bäume) ist das Anbinden einzeln an Bäumen. Dabei sollten die Pferde so angebunden werden, daß sie sich weder gegenseitig treten noch sich in ihrem Anbindestrick verfangen können (hoch und so kurz, daß sie gerade an ihr Futter kommen). Oder ein langes Seil wird fest zwischen zwei Bäume gespannt, um

die Pferde dort einzuhängen – jedoch so, daß sie nicht am Seil entlang auf- und abwandern können. Mit dem Bowline-Knoten eingebundene Karabiner (siehe Bild) können das verhindern.

Achten Sie auf leicht lösbare Verbindungen, wenn Sie Ihr Pferd anbinden, so daß Sie es bei unvorhergesehenen Ereignissen schnell befreien können. Panikhaken sind zwar ganz nett, führen aber manchmal zu blauen Flecken an den Händen, wenn Sie sie unter Spannung lösen müssen. Zudem können Sie Ihr Pferd nicht mehr daran hindern, wegzulaufen, wenn Sie den Panikhaken geöffnet haben, weil Sie keinen Strick in der Hand haben.

Der Anbindeknoten mit schnell-lösbarer Endschlaufe ist da die einfachere Lösung (siehe Bild).

Das Hobbeln der Pferde ist praktisch, um sie frei grasen zu lassen aber auch manchmal problematisch. Erstens muß ein Pferd ans Hobbeln auf jeden Fall langsam zu Hause gewöhnt werden, sonst reagiert es unter Umständen mit Panik auf die Einschränkung seiner Bewegungsfreiheit. Zweitens kann ein geschicktes, an Hobbles gewöhntes Pferd sich mitsamt seinen Hobbles recht schnell im Hasengalopp fortbewegen. Die Methode ist deswegen auf keinen Fall zu empfehlen, wenn die Rast in der Nähe einer Straße stattfindet und auch nicht ohne ein beständig wachsames Auge, das die Reiter auf ihre Vierbeiner gerichtet haben.

Achten Sie unterwegs darauf, die Pferde an jeder möglichen Stelle zu tränken. Faltbare imprägnierte (evtl. gewachste) Segeltucheimer sind recht nützlich, wenn die Wasserstelle unzugänglich für ein Pferd ist.

In mitteleuropäischen Gegenden werden die meisten Reiter es vorziehen, die Übernachtung ihrer Pferde bei einem Bauern oder in einem Reiterhof zu organisieren und selbst in einem Gasthof zu nächtigen. Das spart Gepäck, man kann flotter reiten und braucht nicht eine Ewigkeit, bis die Pferde jedesmal neu bepackt sind. Zudem kann das gewohnte Futter für die Pferde reichlich an den Übernachtungsstellen deponiert werden. Es tritt also kein "Versorgungsnotstand" ein.

Bei solchen Übernachtungen achten Sie vor allem darauf, daß die Pferde verletzungssicher und ausbruchssicher stehen. Überprüfen Sie Boxen oder Laufställe auf scharfe Kanten oder vorstehende Nägel und umwickeln diese notfalls mit weichem Material. Schauen Sie, ob die Selbsttränke, falls vorhanden, geht. Sorgen Sie für einen sicheren Standort des Wassereimers und verhindern Sie, daß zwei Pferde, die sich nicht mögen, direkt und dicht nebeneinander stehen.

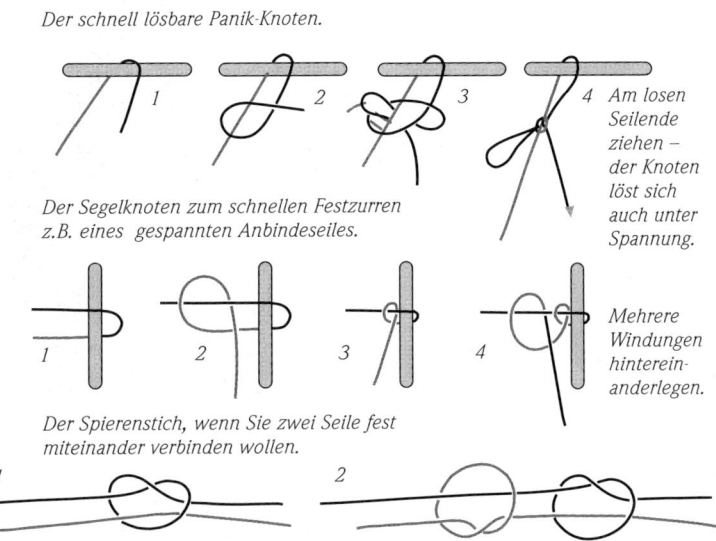

Der schnell lösbare Panik-Knoten.

1   2   3   4 Am losen Seilende ziehen – der Knoten löst sich auch unter Spannung.

Der Segelknoten zum schnellen Festzurren z.B. eines gespannten Anbindeseiles.

1   2   3   4 Mehrere Windungen hintereinanderlegen.

Der Spierenstich, wenn Sie zwei Seile fest miteinander verbinden wollen.

1   2

Übernachten

Für eine Übernachtung unter freiem Himmel braucht es etwas mehr Vorbereitung, mehr Gepäck – und damit oft ein Packpferd.

Ideal ist eine Koppel, die ein Bauer für die Nacht zur Verfügung stellt. Das Reiterlager ist dann mit einem Minizelt und Schlafsäcken schnell nebendrangebaut.

Haben Sie das Glück, in der "Wildnis" unterwegs zu sein, so ist es sinnvoll, ein paar leichte Zaunstangen und Elektro-Band auf dem Packpferd mitzunehmen, so daß die Pferde nachts mehr oder weniger sicher in Behelfskoppeln stehen können. Es ist wichtig, daß die Pferde sich nach einem langen Ritt gut die Beine vertreten und sich mit "Kruppe gegen das Wetter" vor Regenschauern und Windböen schützen können. Müssen Sie die Pferde anbinden, ist es eher nötig, sie unter Umständen mit einer Regendecke gegen Wind und Wetter zu schützen.

Denken Sie an einen Insektenschutz – nicht nur die Menschen, auch die Pferde werden von Bremsen und Stechmücken geplagt. Empfindliche Pferde verbringen eine erholsamere Nacht, wenn Sie nicht ständig gegen die Plagegeister kämpfen müssen.

Denken Sie auch bei der Auswahl des Lagerplatzes an die Verfüg-

Wanderritt-Impressionen: Orientierung....

barkeit von Wasser und genug Gras – so können Sie die mitgeführten Kraftfutterrationen kleiner bemessen. Meiden Sie jedoch sumpfige Stellen aus Mückengründen.

Nun noch ein paar Worte zum Reiterlager. Die Grundausstattung besteht aus Minizelt (oder Regenplane), Isomatte/Schlafsack sowie Regenschutz, Ersatzkleidung, Proviant (aus Gewichtsgründen viel "Trockenfutter" in leichten Plastikschraubdosen verpackt) und Alu-Kochgeschirr, einem stabilen

Taschenmesser als Allzweckgerät, Löffel, Gabel, Blech- oder Plastiktasse und -teller sowie Wasserflasche, wasserdicht verpackte Streich hölzer und ein Küchenhandtuch. Ein Klapp-Spaten und eine Klapp-Säge für den Lagerbau sind zusätzlich oft vonnöten.

Wer will, nimmt einen leichten Spirituskocher samt Brennspiritus mit (z.B. Trangia). Wer sich auf seine pyromanischen Künste verlassen will, probiert es mit einem stilechten Lagerfeuer, welches auch die Mücken vertreibt.

Feuer

Für ein Feuer in der Wildnis gilt es jedoch, elementare Sicherheits- und Naturschutzregeln zu beachten (und natürlich Verbote zu respektieren).

1. Legen Sie die Feuerstelle so an, daß sich das Feuer nicht ausbreiten kann: Grenzen Sie es durch Feldsteine ab oder heben Sie eine Feuergrube aus und entfernen trockenes Gras und Zweige aus der Reichweite der Flammen.

...morgendlicher Aufbruch.

2. Lassen Sie niemals ein Feuer unbeaufsichtigt.

3. Beseitigen Sie Ihre Spuren, wenn Sie weiterreiten. Haben Sie eine Grube ausgehoben, geht das ganz einfach: Nehmen Sie das ausgestochene Stück und legen Sie es wieder auf die sorgfältig gelöschte Asche. Mit Feldsteinen abgegrenzte Feuer bedecken Sie mit Erde oder Sand und verstreuen die Steine wieder.

Daß Sie Ihren Abfall mitnehmen, sollte selbstverständlich sein. Nachdem Sie einen Lagerplatz verlassen haben, darf nichts zurückbleiben, was nicht in die Landschaft paßt.

Pannen

Neben der Ausrüstung für Pferde und Reiter dürfen Sie das Notfallpaket, die Ausrüstung für die kleinen und größeren Pannen, nicht vergessen.

Dort hinein gehören mindestens Verbands- und Desinfektionsmaterial für Pferd und Reiter, Bandagen, Watte, Schere, Pinzette, Pflaster und Tesaband, Wundsalbe, Schmerztabletten, Vaseline, 1 Rettungsdecke.

Dazu kommt ein Notbeschlags-Set bestehend aus Hufnägeln, Raspel, Zange, Aufnieter und Hammer Kleine Malheure, wie ein verlorener Nagel oder eine ausgefranste Hufwand, können damit behoben werden. Falls einmal ein Eisen verlorengehen sollte, kann ein Satz alter (jedoch nicht völlig abgelaufener) Eisen mitgenommen werden. So hat der Reiter die Chance, zur Not einen Ersatzbeschlag anzubringen,

Lange Ausritte bergauf und bergab fördern die Kondition.

ohne ein neues Eisen auf die Erfordernisse des Pferdes zurichten zu müssen. Einfacher ist es jedoch, einen passenden Hufschuh aus Gummi als Notbehelf mitzunehmen.

Im Zeitalter des kostengünstigen Handys kann es auch nicht schaden, wenn eine Gruppe ein solches für den Notfall mitnimmt, um Hilfe anzufordern.

Dazu kommt dann noch Putzzeug bestehend aus mindestens Schwamm, Lappen, Hufkratzer, Bürste und Plastikstriegel (evtl. nur eins für jeweils zwei Pferde). Und schließlich nicht zu vergessen:

Kamm, Seife, Zahnbürste und Handtuch für den Reiter.

Packen

Das Ganze muß jetzt auch noch platzsparend und flattersicher verpackt werden.

Satteltaschen, Kartentasche und Sattelrolle sind dafür der richtige Platz beim Reitpferd. Wie man sie selbst machen kann, steht im vorigen Kapitel. Achten Sie darauf, daß Rolle und Satteltaschen nicht zu groß und gut festgeschnallt sind. Bepacken Sie Ihr Pferd nicht wie einen Lastesel. Sie werden sonst nie fertig mit dem morgendlichen

Satteln und haben wenig Spaß am Reiten, weil alles mögliche um Ihr Pferd herumbaumelt.

Achten Sie darauf, die tagsüber wichtigen Dinge wie Karten, Messer, Regenschutz griffbereit zu haben und nicht aus den Tiefen der Satteltaschen hervorkramen zu müssen.

Achten Sie auf Wasserdichtheit. Sind die Taschen aus Leder, fetten Sie es gut. Bei Leinentaschen müssen Sie Ihre Siebensachen zusätzlich in wasserdichte Beutel verpacken. Es macht nämlich keinen Spaß, die Nacht in einem durchweichten Schlafsack zu verbringen.

Winter

Sind Sie im Winter draußen unterwegs, so kommt selten mehr als eine Mittagsrast im Freien in Frage. Sind die Pferde etwas feucht, so sollten Sie sie abdecken. Für eine kurze Rast satteln Sie dann am besten gar nicht ab, sondern lockern nur den Sattelgurt, um zu verhindern, daß die Pferde sich einen Zug holen – gerade die Sattellage ist oft verschwitzt.

Bei viel Schnee sind unbeschlagene Pferde von Vorteil. Ist es dagegen eisig, sollten die Pferde beschlagen sein. Schraubstollen sind dann eine feine Sache.

Hufgrip – ein Gummischlauch, der im Winter zwischen Eisen und Hufsohle genagelt wird, verhindert, daß sich bei pappigem Schnee Eis-Stollen unter den Hufen bilden – in mitteleuropäischen Breiten fast ein Muß für den Ganzjahres-Geländereiter.

Auch, wenn Sie Ihr Pferd im Winter viel reiten wollen – scheren Sie es nicht, sonst müssen Sie es dauernd eindecken. Versuchen Sie stattdessen so zu reiten, daß das Pferd nicht völlig verschwitzt ankommt. Mit genügend Kondition und überlegten Tempo- und Gangartenwechseln sollte es immer möglich sein, mit weitgehend trockenen Pferden anzukommen.

Besonders bei Offenstall-Haltung ist das wichtig. Andernfalls müssen die

oben: *Tränken am Dorfbrunnen.*

unten: *Der freie Galopp ist bei Wanderritten eher die Ausnahme.*

Pferde nach dem Reiten kurz eingedeckt und evtl. die feuchte Decke nochmal ausgewechselt werden.

Auf keinen Fall dürfen Sie das nasse Pferd im Winter nach dem Reiten einfach in den Auslauf entlassen.

Grundsatz Eins

Wer auch immer sich mit dem Pferd beschäftigt, übernimmt die Verantwortung für das ihm anvertraute Lebewesen.

Grundsatz Zwei

Die Haltung des Pferdes muß seinen natürlichen Bedürfnissen angepaßt sein.

Grundsatz Drei

Der physischen wie psychischen Gesundheit des Pferdes ist unabhängig von seiner Nutzung oberste Bedeutung einzuräumen.

Grundsatz Vier

Der Mensch hat jedes Pferd gleich zu achten, unabhängig von dessen Rasse, Alter und Geschlecht sowie Einsatz in Zucht, Freizeit oder Sport.

Grundsatz Fünf

Das Wissen um die Geschichte des Pferdes, um seine Bedürfnisse, sowie die Kenntnisse im Umgang mit dem Pferd sind kulturgeschichtliche Güter. Diese gilt es zu wahren und zu vermitteln und nachfolgenden Generationen zu übermitteln.

Grundsatz Sieben

Der Mensch, der gemeinsam mit dem Pferd Sport betreibt, hat sich und das ihm anvertraute Pferd einer Ausbildung zu unterziehen. Ziel jeder Ausbildung ist die größtmögliche Harmonie zwischen Pferd und Mensch.

Grundsatz Sechs

Der Umgang mit dem Pferd hat eine persönlichkeitsprägende Bedeutung gerade für junge Menschen. Diese Bedeutung ist stets zu beachten und zu fördern.

Grundsatz Acht

Die Nutzung des Pferdes im Reit-, Fahr- und Voltigiersport muß sich an seiner Veranlagung, seinem Leistungsvermögen und seiner Leistungsbereitschaft orientieren. Die Beeinflussung des Leistungsvermögens durch medikamentöse sowie nicht pferdegerechte Einwirkung des Menschen ist abzulehnen und muß geahndet werden.

Grundsatz Neun

Die Verantwortung des Menschen für das ihm anvertraute Pferd erstreckt sich auch auf das Lebensende des Pferdes. Dieser Verantwortung muß der Mensch stets im Sinne des Pferdes gerecht werden.

Herausgeber:

„Die ethischen Grundsätze des Pferdefreundes" wurden 1995 von der Deutschen Reiterlichen Vereinigung (FN) erarbeitet und vom Verbandsrat verabschiedet.

Pferde verstehen – besser reiten

Kerstin Diacont
Das Westernpferd. Der Westernreiter
Einfühlsame und verhaltensgerechte Ausbildung des Pferdes; spezifische Minimalhilfengebung, Sitz und Einwirkung des Reiters; Verstehen der natürlichen Verhaltensweisen und Reaktionen des Pferdes.

Kerstin Diacont
Die Reiterhilfen für Anfänger
Die harmonische Verständigung mit dem Pferd: Grundkenntnisse für die Zusammenarbeit, theoretisches und praktisches Basiswissen über die Hilfengebung für alle Reitstile.

Birgit Neuhaus
Freizeitpartner Pferd
Rund um die aktive Freizeitgestaltung mit dem Pferd: beliebte Pferderassen für Freizeitreiter, geeignete Reitweisen, Grundbegriffe zum Fahren, Grundlagen der artgerechten Pferdehaltung.

Marina Wieland
Reiten lernen ohne Stress
Reitunterricht, der wirklich Spaß macht: Erlernen eines lockeren Sitzes in Übereinstimmung mit den Bewegungen des Pferdes, effektive und logische Hilfengebung, sinnvolles Training für Pferd und Reiter.

Kerstin Diacont
Besser Westernreiten mit George Maschalani
Für den fortgeschrittenen Westernreiter mit Turnierambitionen: alle Fragen der Ausbildung und des Trainingsaufbaus im Hinblick auf den Turniereinsatz mit Fehleranalysen und Problemlösungen für die einzelnen Prüfungsanforderungen.

Selma Brandl
Harmonie im Sattel
Richtiger Umgang mit Pferden, artgerechte Haltung, Ausbildung von Pferd und Reiter in allen Reitweisen – mit vielen Abbildungen, die die Faszination der Pferde und des Reitsports eindrucksvoll vermitteln.

Im BLV Verlag finden Sie Bücher zu folgenden Themen: Garten und Zimmerpflanzen • Wohnen und Gestalten • Natur • Heimtiere • Jagd • Angeln • Pferde und Reiten • Sport und Fitneß • Tauchen • Reise • Wandern, Alpinismus, Abenteuer • Essen und Trinken • Gesundheit und Wohlbefinden

Wenn Sie ausführliche Informationen wünschen, schreiben Sie bitte an:
**BLV Verlagsgesellschaft mbH • Postfach 40 03 20 • 80703 München
Telefon 089 / 127 05-0 • Telefax 089 / 127 05-543**